노벨도 깜짝놀란 노벨상

2판 1쇄 발행 2020년 10월 20일

글쓴이	윤신영
그린이	이윤하
펴낸이	이경민
펴낸곳	㈜동아엠앤비
출판등록	2014년 3월 28일(제25100-2014-000025호)
주소	(03737) 서울특별시 서대문구 충정로 35-17 인촌빌딩 1층
전화	(편집) 02-392-6901 (마케팅) 02-392-6900
팩스	02-392-6902
전자우편	damnb0401@naver.com
SNS	

ISBN 979-11-6363-253-5 (74400)

※ 책 가격은 뒤표지에 있습니다.
※ 잘못된 책은 구입한 곳에서 바꿔 드립니다.
※ 이 책에 실린 사진은 위키피디아, 셔터스톡에서 제공받았습니다.

뭉치 초등 융합 사회과학 토론왕 시리즈의 출판 브랜드명을 과학동아북스에서 뭉치로 변경합니다.
도서출판 뭉치는 ㈜동아엠앤비의 어린이 출판 브랜드로, 아이들의 지식을 단단하게 만들어주고, 아이들의 창의력과 사고력을 키워주어 우리 자녀들이 융합형 창의 사고뭉치로 성장할 수 있도록 좋은 책을 만들겠습니다.

노벨도 깜짝 놀란 노벨상

글쓴이 **윤신영** 그린이 **이윤하**

노벨상 수상자는 어떻게 정할까?
우리도 노벨 과학상을 받을 수 있을까?

선생님의 질문에 교실은 일순간 조용해지기 시작합니다. 인내심이 한계에 다다른 선생님께서 콕 집어 누군가의 이름을 부르는 순간 내가 걸리지 않았다는 안도감에 금세 평온을 되찾지요. 많은 사람 앞에서 어떻게 말을 해야 할까 고민 한 번 해 보지 않은 사람은 없을 겁니다.

사람들 앞에서 자신의 생각을 조리 있게 전달하는 기술은 국어 수업 시간에만 필요한 것이 아닙니다. 학교 교실뿐만 아니라 상급 학교 면접 자리 또는 성인이 된 후 회의에서도 자신의 의견을 분명히 표현할 수 있어야 합니다. 하지만 어디서부터 시작해야 할지 몰라 입을 떼는 일이 쉽지 않습니다. 혀끝에서 맴돌다 삼켜 버리는 일도 종종 있습니다. 얼떨결에 한마디 말을 하게 되더라도 뭔가 부족한 설명에 왠지 아쉬움이 들 때도 많습니다.

논리적 사고 과정과 순발력까지 필요로 하는 토론장에서 자신만의 목소리를 내려면 풍부한 배경지식은 기본입니다. 게다가 고학년으로 올라가서 배우는 수업과 진학 시험에서의 논술은 교과서 속의 내용만을 요구하지 않습니다. 또한 상대의 의견을 받아들이거나 비판하기 위해서도 의견의 타당성과 높은 수준의 가치 판단을 해야 하는 경우가 많은데, 자신의 입장을 분명히 하기 위해선 풍부한 자료와 논거가 필요합니다. 「초등 융합 사회 과학 토론왕」 시리즈는 사회에서 일어나는 다양한 사건과 시사 상식 그리고 해마다 반복되는 화젯거리 등을 초등학교 수준에서 학습하고 자신의 말로 표현할 수 있도록 기획되었습니다. 체계적이고 널리 인정받은 여러 콘텐츠를 수집해 정리하였고, 전문 작가들이 학생들의 발달 상황에 맞게 스토리를 구성하였습니다. 개별적으로 만들어진 교과서에서는 접할 수 없는 구성으로 주제와 내용을 엮어 어린 독자들이 과학적 사고뿐만 아니라 문제 해결력, 비판적 사고력을 두루 경험할 수 있도록 하였습니다. 폭넓은 정보를 서로 연결지어 설명함으로써 교과별로 조각나 있는 지식을 엮어 배경지식을 보다 탄탄하게 만들어 줍니다. 뿐만 아니라 국어를 기본으로 과학에서부터 역사, 지리, 사회, 예술에 이르기까지 상식과 사회에 대한 감각을 익히고 세상을 올바르게 바라보는 눈도 갖게 할 것입니다.

『노벨도 깜짝 놀란 노벨상』은 매년 전 세계가 주목하는 노벨상에 얽힌 이야기를 다양한 토론거리들과 함께 다루고 있습니다. 독자들이 노벨상의 역사와 가치, 앞으로 나아갈 수상 방향까지 스스로 생각할 수 있다면 이 책의 가치는 충분히 발휘된 것입니다. 또한 노벨상 수상자들의 열정적인 삶을 돌아보며 자신의 미래도 그려 볼 수 있다면 더없이 소중한 시간이 될 것입니다.

편집부

차례

펴내는 글 · 4
우당탕탕 괴짜 노벨상 가족 · 8

1장 괴짜 노벨상 가족의 정체 · 11

노벨상이 뭔지도 모른다고?
엉뚱한 실험으로 상을 받는다!
토론왕 되기! 엉뚱해야 산다? 이그노벨상

2장 노벨상의 탄생 · 27

노벨상은 어떻게 시작되었을까?
수상자를 결정하는 방법
토론왕 되기! 우리나라는 언제 노벨 과학상을 받을 수 있을까?

3장 엑스레이 사진으로 시작된 물리학상 · 43

화려한 과학 쇼를 준비하자!
토론왕 되기! 우리를 돕거나 아니면 위험에 빠뜨리거나!

4장 새로운 시대를 연 화학상과 생리·의학상 · 61

합체와 변신의 신, 화학

생명의 비밀을 밝히는 생리·의학

토론왕 되기! 미래는 녹색 화학의 세계

5장 세상을 바꾸는 문학상, 평화상, 경제학상 · 85

전 세계 작가들의 꿈 노벨 문학상

노벨의 뜻이 담긴 평화상

나중에 추가되어 논란을 일으킨 노벨 경제학상

토론왕 되기! 한국인 첫 노벨 물리학상, 정말 억울하게 놓친 걸까?

에필로그 스캔들에 휩싸인 노벨상 · 105

두 발명왕이 날린 의문의 노벨상

논란에 휩싸인 노벨상

재미난 읽을거리 · 120
노벨상에 관해 더 많이 알고 싶을 땐 여기를 가봐! · 123
어려운 용어를 파헤치자! · 124
신 나는 토론을 위한 맞춤 가이드 · 128

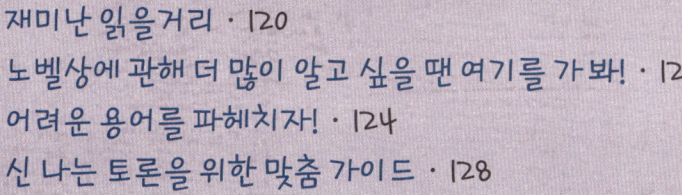

1장
괴짜 노벨상 가족의 정체

노벨상이 뭔지도 모른다고?

"얘, 이리 와 봐."

나를 부른 건 나이를 가늠하기 힘든 어떤 여자 분이었어. 우리 엄마보다는 젊어 보였지만, 그렇다고 언니라고 부르기엔 나이가 많은 것 같았어. 하지만 다행히 나처럼 성격이 시원시원해 보였지.

"수지라고 했지? 지금부터 날 이모라고 불러. 여기에서 지내는 동안 너도 우리 가족이라고 생각할게. 아까 만난 수염 난 분이 할아버지, 옆에 있던 아주머니는 엄마라고 부르면 돼. 난 너처럼 이상한 조카가 생겨서 정말 기뻐!"

"하하, 네…… 저도 이모가 생겨서 기뻐…… 윽!"

내가 말을 채 끝내지도 않았는데 이모는 내 팔을 잡더니 어디론가 급히 데려갔어. 정말 성격 한번 급하신 이모네!

"너, 노벨상이 뭔지 모른다고 했지? 후후, 이 이모가 알려 주도록 하지. 일단 내 방으로 가자."

이 성은 정말 구조가 희한했어. 구불구불 미로 같은 길을 한참 걷다가 사다리를 타고 올라가기도 했고, 다시 구름다리를 건너니 다락방 같은 곳이 나왔거든. 방 입구는 아주 작아서 몸을 웅크리고 지나가야 했어. 게다가 천장은 어찌나 낮은지.

하지만 방문을 열고 안으로 들어가자 이럴 수가! 완전 딴 세상이었어! 한쪽에는 책장이 끝도 없이 이어져 있었는데 온갖 책들로 빽빽했지. 천장에는 수십 개의 비행기와 기구들, 바닥에는 배와 기차, 벽에는 모든 종류의 인형들이 다 있는 것 같았어. 뿐만 아니라 조개껍데기, 화석, 암석, 수정 구슬, 자질구레한 기계 부품 그리고 어마어마한 공룡 뼈와 사람 해골 모형까지! 난 그저 어리둥절하기만 했어. 이곳은 대체 뭐지?

"후후, 내가 수집광이라서 그래. 과학이나 노벨상과 관련된 물건이라면 뭐든지 수집한단다. 나중에 틈틈이 보여 줄게. 우선 여기로 와."

이모가 방 안쪽에 있는 문을 열자 다시 작은 방 하나가 보였어. 알코올램프, 삼발이, 비커들이 가득해서 실험실이라고 생각했는데, 킁킁, 어? 맛있는 냄새가 나지 뭐야.

"여긴 주방이야. 난 노벨상 축제에서 요리 담당이거든. 요리할 때 실험 도구를 사용하기는 하지만, 이래봬도 솜씨는 아주 좋아. 내가 만든 음식을 사람들이 맛있게 먹을 때의 기쁨이란…… 넌 모를 거야."

"근데 이모, 이건 케이크 같은데…… 혹시 족발로 만든 건 아니죠?"

케이크 위에는 딸기나 초콜릿 대신 발톱이 예쁘게 다듬어진 돼지 족발이 있었어.

"…… 그, 그건 이 이모는 늘 새롭고 기발한 요리를 만들려고 노력하기 때문이야. 흠흠, 그건 됐고. 참, 노벨상에 대해 알려 준다고 했지? 잘 들어. 노벨상은 말이야……."

이모의 노벨 방송

아아, 여러분 잘 들리죠? 수지뿐만 아니라 많은 어린이들이 노벨상이 뭔지 궁금해 한다는 얘기를 듣고 이렇게 직접 방송으로 알려 주기로 했어요. 에헴. 이래봬도 이 이모의 어릴 적 꿈이 아나운서였으니까 걱정은 말도록! 아아, 마이크 테스트, 하나둘, 수지야, 마이크 소리 좀 키워 보렴.

노벨상 메달
노벨상 수상자는 금으로 된 메달과 표창장 그리고 상금을 받는다.

매년 10월이면 전 세계 사람들이 스웨덴과 노르웨이에 관심을 쏟아요. 바로 인류 역사에서 가장 유명한 상 가운데 하나인 노벨상의 수상자를 그곳에서 발표하거든요. 노벨상은 스웨덴의 기술자이자 발명가였던 '알프레드 노벨'이 죽으면서 남긴 유언에 따라 만들어진 상이에요. 1901년 처음 수상자가 나왔으니 벌써 100년이 훌쩍 넘었지요. 노벨상은 새로운 발명과 발견을 해 인류의 삶을 더욱 나아지게 하거나 지식의 한계를 넓힌 사람, 헌신적으로 평화를 이끈 사람 그리고 뛰어난 문학 작품을 쓴 사람에게 주는 상이에요. 물리학, 화학, 생리·의학 이렇게 자연 과학 분야가 3개이고, 평화, 문학, 경제학까지 모두 6개 분야가 있어요.

 사람들은 '노벨상을 받았다'고 하면 대단한 업적이라고 인정해요. 100년이 넘는 긴 시간 동안 공정한 심사를 거쳐 왔고, 어마어마한 상금도 걸려 있기 때문이에요. 브리태니커 백과사전에서 "전 세계적으로 노벨상만큼 유명한 상은 올림픽에서 받는 금메달 정도밖에 없을 것"이라고 말할 정도니까요.

 수상자는 10월 초부터 잇달아 발표돼요. 나는 최근 몇 년간 발표회장을 쭈욱 지켜봤어요.(요즘은 인터넷으로도 생중계를 하기 때문에 누구나 발표 장면을 볼 수 있어요.) 사람들은 하나둘씩 모여 소곤소곤 얘기하다가 긴장된 모습으로 발표를 기다려요. 그리고 결과가 나오면 저마다 "아, 그럴 줄 알았어.", "어? 의외인데?"라는 듯 다양한 표정을 짓지요. 나는 그 순간이 정말 좋아요.

 노벨상의 시상식은 12월 10일, 노벨이 세상을 떠난 날에 열려요. 평화상을 제외한 5개 상은 스웨덴에서 시상하고, 평화상만 노르

1938년 노벨상 수상식 장면

웨이에서 시상하죠. 시상식에서는 먼저 노벨상 위원회가 수상자를 소개하며 감동적이고 아름다운 연설을 해요. 그 시상 연설은 연설문을 만들기 좋아하는 우리 형부가 나중에 소개해 줄 거예요. 저도 들어 봤는데, 가끔씩 살짝 하품도 나고 졸리기도 하고……. 그래도 다 듣고 나면 뭔가 뭉클한 감동이 있기는 해요. 그리고 수상자도 수상 연설을 하는데, 그것 또한 아주 멋지답니다. 뭐라고? 왜 손을 흔드니? 아하, 컷이라고? 에이, 그래도 인사는 해야지. 자, 여러분, 아쉽지만 다음에 또 만나요!

엉뚱한 실험으로 상을 받는다!

"그런데 구체적으로 어떤 사람들이 노벨상을 받는 건가요?"

내가 궁금해 하며 물었어.

"음…… 여러 사람들이 있지만 우선 재미있는 사람들 얘기부터 해 줄게. 난 재미있는 사람 아니면 안 만나거든. 뭐, 수상자 중에는 진지한 사람들이 더 많겠지만 그런 사람들은 나중에 할아버지한테 물어보렴. 그럼, 먼저 개구리를 연구한 괴짜 과학자 이야기를 해 볼까?"

이모는 나를 데리고 다시 어떤 방으로 들어갔어. 도대체 이모 방에는 방이 몇 개나 숨어 있는 걸까? 문만 열면 엉뚱한 방이 쑥쑥 튀어나온다니까. 이번 방은 영화관이랑 비슷했는데 한쪽에 입체 홀로그램_{평면 화면에 입체 영상을 나타내게 한 사진} 영상이 펼쳐지기 시작했어. 그리고 개구리 한 마리가 보였지. 어, 그런데

노벨도 깜짝 놀란 노벨상

뭔가 이상하네. 몸이 아픈 걸까? 왜 저렇게 마구 허우적대는 거지?

"개구리가 이상해요. 마치 공중에 떠 있는 것 같아요."

"맞았어! 역시 눈썰미가 좋구나. 저건 바로 개구리가 '공중 부양'하는 모습이란다. 신기하지? 영국 맨체스터대학교의 안드레 가임 교수가 만든 홈페이지에 가면 볼 수 있어. 가임 교수는 2010년 노벨 물리학상 수상자인데 이 연구를 꽤나 좋아했나 봐. 노벨상 수상 당시 홈페이지 대문 화면에 "개구리 공중 부양 연구로 악명이 높음"이라는 문구를 자랑스레 써 놨거든. 개구리뿐만 아니라 도토리도 공중에 띄우고 난리도 아니었지. 아무튼 어찌나 웃긴지 그 이후 나도 이 괴짜 과학자의 열혈 팬이 됐단다."

"아니, 그럼 개구리를 띄워서 노벨상을 받았다는 건가요?"

"아냐. 가임 교수는 이 연구로는 웃기거나 황당한 연구를 한 과학자에게 주는 '이그노벨상'을 받았단다. 이그노벨상은 엽기적인 연구를 한 경우에도 받기 때문에 이 상을 별로 좋아하지 않는 과학자도 있어. 하지만 가임 교수는 꽤나 기뻐했던 것 같아. 그런데 말이야, 사실 이 실험은 아주 진지한 연구에서 시작되었지."

이모는 신이 나서 침을 튀겨 가며 속사포^{빨리 발사되는 포}처럼 말하기 시작했어.

"1997년 가임 교수는 자석의 성질에 대해 연구하고 있었어. 자석은

공중 부양 개구리

안드레 가임 교수

"다른 극은 서로 잡아당기고, 같은 극끼리는 서로 밀어내는데 이런 힘을 '자기력'이라고 불러. 만약 어떤 물체에 강한 자기력을 보내면 대부분의 물체는 그와 반대되는 극을 가진 자기력이 생기지. 그걸 바로 반대의 자기력, 즉 '반자성'이라고 해. 가임 교수는 이러한 반자성이 생물체에서도 나타난다고 생각했어. 하지만 사람들은 믿지 않았지. 그러자 교수는 한 가지 실험을 했어. 냉장고에 붙이는 자석을 본 적 있지? 교수는 그 자석보다 약 3000배 정도 강한 자성을 만든 후, 그 위에 개구리를 올려놓았어. 그러자 바로 조금 전에 본 것처럼 개구리가 동동 뜬 채 공중을 허우적거렸지. 개구리와 자석 사이에 반자성이 생긴 걸 증명한 거야. 비록 엽기적이고 우스꽝스러운 실험이었지만 유명한 물리학 학술지인《유럽물리학회지》에도 실릴 정도였으니 사실은 진지한 연구였어. 그리고 2000년에는 이그노벨상까지 받았고 말이야. 아…… 다시 생각해도 정말 웃겨."

이모는 말을 마치자마자 배를 잡고 깔깔거리며 웃어댔어.

"근데 이모, 이그노벨상이 노벨상은 아니잖아요!"

"좋은 지적이야. 근데 끝까지 잘 들어 봐. 이런 엉뚱한 연구 덕분에 10년 뒤에는 노벨상을 받았으니까. 가임 교수는 차세대 탄소 물질로 널리 알려진 '그래핀'이라는 물질을 처음 만들어 내고 그 원리까지 밝힌 것으로 유명해. 그 공로로 2010년 드디어 노벨 물리학상을 받았지. 이그노벨상과 노벨상을 함께 받은 첫 번째 과학자였어."

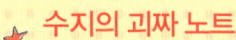

수지의 괴짜 노트

엉뚱한 상상력에서 탄생한 미래의 물질, 그래핀

탄소는 우리 몸에도 있고, 연필심이나 다이아몬드에도 들어 있는데 모여서 어떤 구조물을 이루느냐에 따라 여러 가지 특성을 띤대. 그래핀은 탄소들이 모여 벌집 모양의 구조를 이룬 한 겹의 얇은 물질이야. 원래 이렇게 한 겹으로 만들기가 정밀 기계로도 어렵다고 해. 아무도 성공한 적이 없었는데 어느 날 가임 교수가 또 엉뚱한 상상을 한 거야.

가임 교수는 문구점에서 파는 몇 백 원짜리 셀로판테이프를 사서 그걸로 연필심을 문질렀어. 그러면 당연히 테이프에 연필 가루, 즉 흑연이 달라붙겠지? 교수는 테이프를 분리해 흑연을 얇게 떼어 내는 데 성공했어. 다시 말해서 흑연 속 탄소 역시 분리된 거지. 아주 단순하면서도 엉뚱한 방법으로 첨단 기술도 못한 일을 해낸 거야.

이렇게 만들어진 그래핀은 전기를 잘 통과시키고 자유롭게 구부러져 여러 곳에 이용할 수 있는데, 대표적으로 텔레비전이나 컴퓨터 화면에 쓰일 수 있대. 얇아서 잘 휘어지는 데다가 투명하기 때문에 영화에 나오는 것처럼 손목에 차거나 종이처럼 둘둘 마는 컴퓨터도 만들 수 있다지 뭐야!

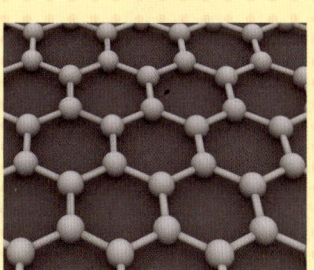

그래핀의 구조
탄소가 홑이불처럼 얇게 이어져 있다.

숫자로 보는 노벨상 119년

1901년 처음 세상에 나온 이후 노벨상은 지금까지 숱한 기록을 남겼어요. 얼마나 많은 상이 수여됐고, 얼마나 많은 사람이 받았는지, 또 분야별로 어떤 차이가 있는지 한번 숫자로 알아볼까요? 1901년부터 가장 최근인 2019년까지 통계예요!

지금까지 수여된 상의 총 횟수는
597 번!

횟수가 모두 다른 이유는 수상자가 없던 때도 있었기 때문이다.

- 물리학상: 113
- 화학상: 111
- 생리의학상: 110
- 문학상: 112
- 평화상: 100
- 경제학상: 51

상을 받은 사람은 950명!

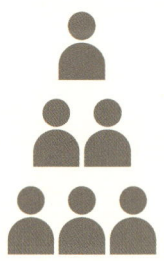

혼자 받은 사람 **350명**

두 명씩 공동 수상 **141번**

세 명씩 공동 수상 **106번**

여성 수상은 54번뿐!

이중 2001년부터 2019년까지의 여성 수상자는 24명으로 점차 늘어나는 추세다. 그리고 마리 퀴리는 물리학상과 화학상을 모두 받았다.

3 5 12 15 17 2

상이 없었던 경우는 모두 49번!

1914~1918년 제1차 세계대전, 1939~1945년 제2차 세계대전 때에는 거의 이루어지지 못했다.

6 8 9 7 19 0

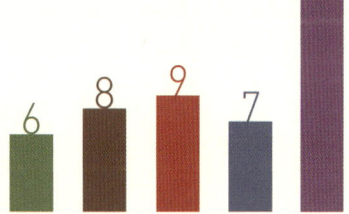

가장 어린 수상자는? 17살!
파키스탄의 여성 교육 운동가 말랄라 유사프자이는 2014년에 평화상을 수상했다.

가장 나이 많은 수상자는? 97살!
미국의 존 배니스터 구디너프 교수는 리튬 이온 전지를 개발한 공로로 2019년에 화학상을 수상했다.

자료 : 노벨재단

엉뚱해야 산다? 이그노벨상

이그노벨상은 사실 진짜 노벨상과는 아무 관련이 없다. 1991년 미국의 과학 잡지《유별난 연구 연보(Annals of Improbable Research)》가 처음 만들었는데, 매년 노벨상 발표 1~2주 전에 미국 하버드대학교에서 발표된다. 상금은 없으며 무척 웃기게 생긴 트로피를 준다.

원래 '이그노벨(IgNobel)'이라는 말은 '불명예스러운'이란 뜻의 '이그노블(Ignoble)'과 '노벨(Nobel)'을 합해서 만든 말이다. 불명예스럽다는 뜻을 가지고 있기는 하지만, 대부분의 수상자들은 그 말을 유쾌한 농담으로 받아들이며, 실제로 진지한 연구가 다루어지기 때문에 상의 가치도 꽤 인정을 받는다. 앞에서 나온 '개구리 반자성 실험'이 대표적이며, 2007년 이그노벨상 의학상을 받은 '칼 삼키기' 연구 또한 유명하다.

공연 예술가였던 댄 마이어는 이그노벨상 시상식장에서 실제로 길이가 40cm는 돼 보이는 커다란 칼을 삼키는 묘기를 선보였다. 물론 날카롭지 않은 공연용 가짜 칼이었지만, 사람들은 깜짝 놀랄 수밖에 없었다. 댄 마이어는 공연을 다니던 중 '칼 삼키기 묘기'가 건강과 어떤 연관이 있는지

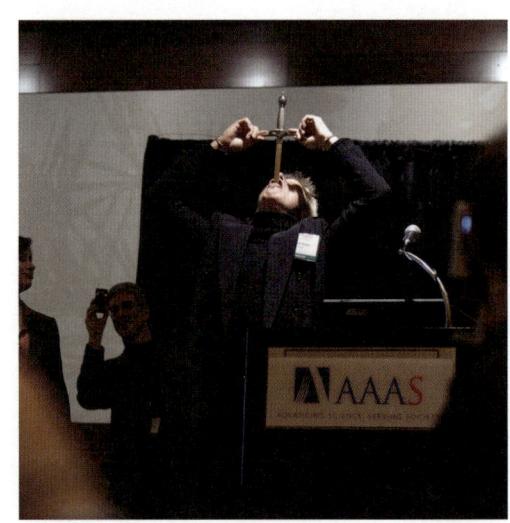

칼 삼키기 묘기를 선보이고 있는 댄 마이어

궁금했다고 한다. 그래서 방사선 진단 전문 의사와 함께 칼 삼키기 묘기가 건강에 어떤 영향을 미치는지 연구했고, 그 결과 "칼을 삼키는 사람들이 인후염에 시달릴 가능성이 높다"라는 논문을 발표했다. 비록 이 논문이 황당해 보이기는 하지만, 실제로 세계에서 가장 저명한 《영국의학저널(BMJ)》이라는 의학 잡지에 실리기도 하였다.

우리나라에서도 이그노벨상을 받은 사람들이 있다. 1999년 코오롱 사의 권혁호는 '향기 나는 양복'을 개발해 환경 보호 부문에서 상을 받았다. 또한 2000년에는 고 문선명 통일교 총재가 1960년부터 1997년까지 3600만 쌍을 합동 결혼시킨 공로로 경제학상을 수상했다.

이처럼 이그노벨상은 단순히 황당한 연구가 아니라 '먼저 웃게 하고 그 다음 생각하게 하는 연구'를 목적으로 한다. 이 상을 만든 마크 에이브러햄스는 "연구의 가치를 따지지 않는다. 어떤 연구가 처음 세상에 나올 때는 가치를 알 수 없을 때가 대부분이기 때문이다. 지금까지 과학사를 보더라도 처음보다 시간이 지나면서 진정한 가치를 인정받은 경우가 많다"라고 말한다.

역사에 남을 발견과 발명을 한 사람들은 대부분 주변의 일에 호기심을 갖는 데에서 출발하였다. 그리고 그 궁금증을 풀기 위해 연구의 연구를 거듭하며 노력하였다. 물론 처음에는 황당해 보이기도 하였고 사람들에게 무시를 당할 때도 있었지만, 결국 인류에 큰 영향을 끼친 사람들이 되었다. 이그노벨상이 결코 우습지만은 아닌 이유가 바로 여기에 있다.

출발이 비록 보잘 것 없고 가능하지 않을 것처럼 보여도, 자신이 흥미를 느끼는 일이라면 우선 시작해 보는 것이 어떨까? 조금씩 노력하다보면 분명 처음 생각했던 것보다 큰 결과를 가져올 것이다. 그리고 그게 밑거름이 될 때 누구도 생각하지 못한 일을 가능하게 할지도 모를 일이다.

노벨상의 첫 주인공은 누구?

노벨상은 1901년(경제학상은 1969년)에 시작되어 지금까지 800명이 훌쩍 넘는 사람들이 상을 받았어요. 각 분야에 맞는 첫 수상자를 찾아보세요. 아래 사다리를 따라가다 보면 만날 수 있어요!

| 화학상 | 문학상 | 평화상 | 물리학상 | 생리·의학상 | 경제학상 |

- 장 앙리 뒤낭 (스위스), 프레데리크 파시 (프랑스)
- 랑나르 프리슈 (노르웨이), 얀 틴베르헌 (네덜란드)
- 쉴리 프뤼돔 (프랑스)
- 야코부스 반트 호프 (네덜란드)
- 빌헬름 뢴트겐 (독일)
- 에밀 폰 베링 (독일)

2장

노벨상의 탄생

 노벨상은 어떻게 시작되었을까?

똑똑, 똑똑.

몇 초 후 누군가 방문을 슥 열고 말했어.

"이런 이런, 내 이럴 줄 알았지."

그 순간 이모는 지금까지와는 달리 무척 당황하는 것 같았어. 나는 잠시 어리둥절했지만 곧 그 이유를 알 수 있었지. 바로 불같은 성격으로 스웨덴 왕실 내에서도 유명한 할아버지가 서 계셨거든.

"아, 아빠! 저는 그냥 수지한테 노벨상에 대해 알려 주고 있었어요, 하하……."

"그래?"

할아버지는 믿을 수 없다는 듯 심드렁하게 대꾸했어.

"너, 또 이상한 연구 얘기한 거 아니냐?"

할아버지는 나를 보며 물었어.

"애야, 이모가 너한테, 그러니까 공중에 뜬 개구리나 칼 삼키기 같은 얘기하지 않았니?"

이모는 점점 얼굴이 하얘져 갔고, 나도 조금씩 식은땀이 나기 시작했어. 왠지 이모가 엄청 혼이 날 것만 같았거든.

"뭐, 괜찮다. 언제 들어도 들을 얘기긴 하지. 사실 모두 어엿한 과학 연구잖니, 괜찮다."

그러자 이모의 얼굴빛이 다시 아까처럼 복숭아 색깔로 돌아왔어. 할아버지는 나를 데리고 문을 나섰지. 그러다 갑자기 뒤를 돌아보며 소리쳤어.

"그런데 너! 시상식장에 내놓을 요리 준비는 다한 거냐?"

"아, 네. 아직 연구하고 있어요."

"후유, 설마 또 황당한 걸 만드는 건 아니겠지?"

이모가 우물쭈물하며 선뜻 대답하지 못하자 내가 얼른 말했어.

"족발 케이크요! 완전 멋져요!"

이모의 얼굴은 다시 하얘졌고, 난 뭐가 잘못됐는지 몰랐어. 하지만 할아버지가 더는 아무 말도 안 했으니 나는 책임 없다 뭐.

할아버지가 나를 데려간 곳은 성 한가운데쯤에 있는 널따란 방이었어. 따뜻한 벽난로가 있고, 벽에는 초상화들이 쭈욱 걸린 깔끔한 방이었지. 솔직히 희한한 물건으로 가득 차서 보기만 해도 신 났던 이모 방에 비하면 별로 재미는 없었어. 그런 내 마음을 눈치챘는지 할아버지가 방을 둘러보며 말했어.

"너한테는 조금 심심한 방이지?"

그래도 나는 예의 바른 어린이이기 때문에 고개를 숙이고 조용한 목소리로 대답했지.

"네, 재미없어요."

할아버지는 껄껄껄 웃더니 벽장에 놓인 커튼을 걷었어. 그러자 눈부신 햇빛이 방 안으로 확 쏟아졌지. 우와, 창밖으로 알록달록 꽃들이 활짝 핀 정원과 단풍에 물든 산이 보였어.

"매년 단풍이 들기 시작할 때쯤 우리는 노벨상 시상식을 준비한단다. 올해는 수지 너도 함께 열심히 해보자꾸나."

할아버지는 책상 위에 놓인 커다란 책을 펼치며 말했어.

"자, 국왕 폐하 말씀도 있고 하니 공부를 해 볼까?"

"으악! 할아버지, 전 공부가 정말 싫어요. 공부 말고 다른 거 하면 안 돼요?"

"싫어도 해야지. 아주 조금만 하면 된단다. 그리고 생각보다 재미있을 거야. 역사 이야기이니 말이다."

'할아버지야 재미있을지 몰라도 전 역사가 어렵다고요, 으앙!'

나는 이렇게 생각했지만 차마 말할 수는 없었어. 할 수 없이 할아버지 이야기를 듣는 수밖에 없었지.

"노벨상은 알프레드 노벨의 유언에 따라 만들어진 상이라는 얘기는 이미 들었지? 그런데 왜 노벨이 그런 유언을 했을까 궁금하지 않니?"

"음, 그러고 보니 궁금한데요?"

할아버지의 노벨 방송

음, 그러니까, 옛날 옛날 스웨덴에 노벨이라는 사람이 살았단다. 노벨 가문은 대대로 기술자들이었어. 그래서 노벨도 어렸을 때부터 과학과 기술을 공부했지. 노벨은 기술이 뛰어나고 머리도 영리해서 좋은 물건들을 많이 발명했어. 직접 만든 발명품만 350개나 되는 발명 천재였단다. 게다가 장사 수완일을 꾸미거나 진행하는 능력도 좋았고, 좋은 공장들을 사들여 더 발전시키는 데에도 뛰어났어. 특허도 많이 냈지. 노벨은 곧 아주 굉장한 부자가 되었단다.

노벨이 56세가 됐을 때였어. 노벨의 형인 루드비히 노벨이 죽음을 맞았지. 그런데 노벨이 슬퍼할 겨를도 없이 굉장한 사건이 일어나고 말았어. 프랑스의 신문 기자 한 명이 죽은 사람이 형이 아니라 알프레드 노벨이라 착각하고 부고 기사세상을 뜬 유명 인사의 소식을 전하는 기사를 낸 거야.

알프레드 노벨(1883~1896년)

그러니까 멀쩡히 살아 있는 사람을 죽었다고 기사를 잘못 낸 거란다.

　그런데 더 충격적인 건 부고 기사의 제목이었어. 바로 "죽음의 상인 노벨이 죽었다"였거든. 노벨이 만든 발명품 가운데 가장 유명한 게 바로 '다이너마이트'라는 폭약 힘이나 열을 받으면 폭발하는 물질 이었기 때문이야. 화학자이자 발명가인 노벨이 그 당시 지구에서 가장 무서운 살인 무기를 만든 셈이란다. '죽음의 상인'이라는 표현은 그런 노벨을 비꼰 말이었어. 물론 다이너마이트가 자원 개발 등 좋은 일에도 많이 쓰였지만, 잔인한 무기인 것만은 사실이었거든.

　자신이 죽었다는 기사와 함께 사람들이 자신을 '죽음의 상인'이라는 끔찍한 별명으로 부른다는 사실까지 알게 된 노벨은 큰 충격을 받았어. 그래서 정말 죽은 후에는 그런 나쁜 별명으로 불리지 않도록 좋은 일을 해야겠다고 마음먹었지. 노벨은 유언장을 썼고, 자신이 죽으면 유언대로 해 줄 것을 부탁했단다.

　1896년 노벨은 64세의 나이로 하늘나라로 갔고, 유족들에게 그의 유언장이 공개됐어. 모두 그 내용을 보고 놀랄 수밖에 없었단다. 전 재산을 탈탈 털어 재단을 만들고, 물리학, 화학, 생리·의학, 평화, 문학 분야에서 '인류에게 위대한 공헌을 한 사람'에게 상을 주라는 말이 적혀

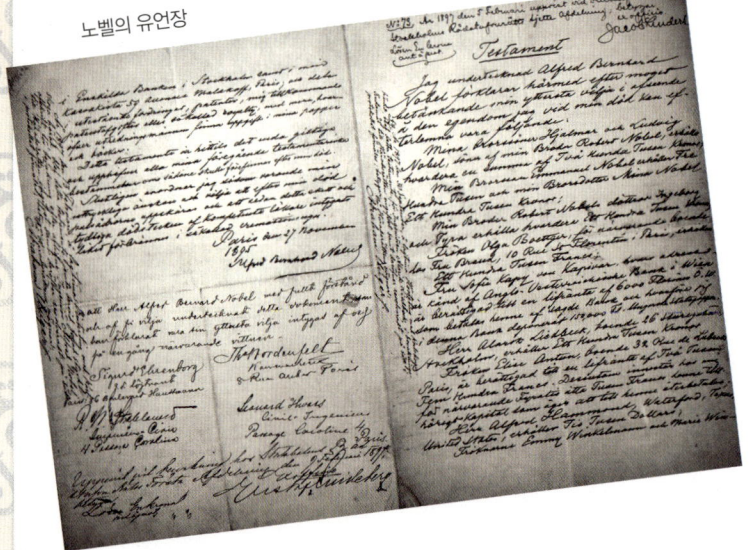

노벨의 유언장

있었거든.

그 이듬해 노벨이 남긴 재산의 94%를 모아서 만든 노벨 재단이 탄생했단다. 노벨은 죽기 전에 이미 평화상의 경우 '노르웨이 노벨 위원회'라는 단체에서 수상자를 결정해 상을 주라고 정해 놓았어. 하지만 다른 상에 대해서는 어떤 말도 없었지. 그래서 노벨 재단은 스웨덴 학술원, 스웨덴 왕립 과학 학술원, 카롤링스카 연구소가 그 역할을 맡도록 결정했어. 1900년이 되자 상을 어떻게 선정하고 수여할지에 대한 규정이 만들어졌고, 이듬해인 1901년 드디어 첫 번째 노벨상 수상자가 나왔지.

놀랍게도 이 모든 과정이 노벨이 죽은 지 5년 안에 다 이루어졌어. 노벨은 이미 세상에 없지만 그의 이름은 100년이 훨씬 넘게 이어져 오고 있지. 노벨은 그의 소원대로 더는 죽음의 상인이라 불리지 않고, 대신 인류를 위하는 숭고한 정신의 대표가 됐단다.

 수상자를 결정하는 방법

"할아버지, 그런데 어떻게 해서 수상자가 결정되고 상을 받는지 궁금해요."

"아무래도 궁금하지? 노벨상 수상자를 선정하는 과정은 꽤 오래 걸린단다. 수상자가 발표되는 때가 10월인데, 처음 선정 작업은 1년 전 9월에 벌써 시작하니까. 먼저 노벨 위원회는 각 부문당 1000명씩 총6000명

★ 수지의 괴짜 노트

노벨상에 '경제학상'이 있다, 없다?

요즘 노벨상 수상자 목록을 보면 노벨 경제학상이 있어. 그런데 노벨상이 처음 만들어졌을 때에는 경제학상이 보이지 않아. 어떻게 된 걸까?

노벨 경제학상은 1969년에 처음 만들어졌어. 1968년 스웨덴 중앙은행은 설립 300주년을 맞아 노벨 재단에 많은 돈을 기부했어. 그러자 노벨 재단은 이듬해에 상 하나를 추가했고, 이름을 '노벨 추모 스웨덴 중앙은행 경제학상'으로 정했어. 바로 '노벨 경제학상'으로 불리는 상이지.

정확히 말하면 이 상은 노벨을 추모하는 상이야. 하지만 수상자는 다른 노벨상 수상자들에 이어서 발표되고, 스웨덴 노벨상 시상식에서 함께 상을 받아. 그러니까 사실상 노벨상과 다를 바가 없지.

참고로 한 번 상이 추가된 이후, 노벨 재단에서는 앞으로 더는 상을 추가하지 않기로 결정했어.

에게 후보자를 추천해주기를 부탁한단다. 주로 그 분야와 관련있는 사람들에게 추천을 받지. 단 스스로 자신을 추천하면 자동 탈락이 돼. 그런 다음 분야별로 추천 받은 사람들 목록을 다 모으면, 대략 발표하는 해 1월 말쯤 된단다. 위원회에서는 각 부문별로 100명에서 250명 정도의 후보자를 우선 뽑아. 모든 목록은 공개하지 않는데, 50년 동안 공개하는 일이 금지되어 있단다."

"우와, 할아버지네 비밀 가족보다 더 비밀스럽네요."

"애야, 우리는 119년째 비밀이란다."

할아버지는 별 얘길 다 한다는 표정을 지으며 말을 이었어.

"그 뒤 전문가들의 토론을 거쳐서 최종 후보를 선정하게 돼. 한 분야에서 상을 함께 받을 수 있는 사람은 최고 3명까지로 제한되어 있어. 만약 동시에 여러 분야에 후보로 올랐다면 두 분야에서만으로 한정되지. 그리고 평화상을 제외하고는 단체는 받을 수 없단다."

"음, 정확히는 잘 모르지만 요즘 과학 연구는 많은 사람들이 함께 하지 않나요? 문제가 될 것 같은데요······."

"맞아. 수지가 잘 아는구나. 아무튼 그렇게 선정된 수상자는 철저히 비밀에 부쳐져. 그리고 10월이 되면 차례대로 발표되지. 수상자 역시 발표 순간까지 전혀 소식을 들을 수 없단다. 2007년 노벨 문학상 수상자인 영국의 소설가 도리스 레싱은 시장에서 장을 보다가 소식을 들었다고 하지."

"하하하, 장을 보다가 깜짝 놀랐겠어요!"

"그렇지. 그리고 한 가지 더! 노벨상은 오직 살아 있는 사람에게만 준단다. 그런데 2011년 생리·의학상 수상자였던 랠프 스타인먼은 수상자 발표 사흘 전에 하늘나라로 갔단다. 하지만 수상자 결정 과정에서는 사망 사실을 몰랐기 때문에 수상이 인정되었지."

"노벨 아저씨랑 하늘나라에서 잘 살고 계실 거예요."

"그래. 나도 그러길 바란단다."

"그럼 수상자 발표를 하면 이제 다 끝나는 건가요?"

"아니지. 그때가 바로 우리가 활약할 시간! 시상식이 기다리고 있단다. 평화상을 주는 노르웨이 시상식의 경우 장소가 간혹 바뀌는데 요즘은 오슬로 시청에서 열린단다. 스웨덴에서는 스톡홀름 콘서트홀에서 시상식을 하고, 시청에서 만찬을 열지. 이 만찬에서 아까 만난 이모의 멋진 음식을 만날 수 있단다. 근데 아까 들어 보니, 뭐? 족발 케이크? 내가 그 애 때문에 걱정이 태산이란다!"

"할아버지, 이모가 아직 실험 중이라고

노벨상 시상식(노벨 평화상 제외)이 열리는 스톡홀름 콘서트홀

노벨 평화상의 시상식이 열리는 노르웨이 오슬로 시청

했으니 조금만 믿고 기다려 보세요. 이그노벨상처럼 엉뚱하지만, 맛은 최고인 요리가 될 거예요!"

"후유, 네 이모가 너만큼만이라도 어른스러우면 좋으련만……."

'헤헤, 할아버지는 잘 모르시지만 사실 저는 이모보다 엉뚱한 생각을 더 많이 해요. 족발은 케이크보다는 아이스크림으로 만들면 더 맛있을 것 같아요. 아니면 꿀에 오래 재워서 달콤하고 쫄깃하게 만들면…….'

"수지야, 지금 뭐라고 했니? 소리가 작아서 못 들었구나."

"헉! 아무 말도 안 했어요. 아참, 엄마가 놀러 오라고 했는데 얼른 가 봐요!"

우리나라는 언제 노벨 과학상을 받을 수 있을까?

우리나라 꿈나무들이 노벨상, 그 가운데에서도 노벨 과학상을 받으려면 어떤 준비를 해야 할까?

먼저 노벨상은 '최초의 발견과 발명'에 주목한다. 물리학상을 예로 들면, 노벨상 위원회는 기술을 응용하는 일보다는 최초의 발견에 더 후한 점수를 준다. 영국 아인도벤 공대 산업디자인과의 크리스토퍼 바트넥 교수가 2007년 8월《네이처》에 낸 기고문에 따르면, 1901년부터 2006년까지 나온 노벨 물리학상의 77%가 새로운 현상이나 이론, 제조법을 발견한 학자에게 돌아갔다.

두 번째로 국제 과학계에 연구 성과를 널리 알리는 일이 중요하다. 일단 노벨상 후보가 되는 일이 중요한데, 후보로 추천되지 못하면 심사에도 오르지 못하고 당연히 수상 가능성도 없다. 따라서 관련 학회 등에 연구 성과를 꾸준히 알리는 노력이 필요하다.

마지막으로 일단 후보자가 되었다면, 전 세계의 전문가와 심사 위원들이 해당 연구를 이해할 수 있어야 한다. 이를 위해서는 기본적으로 연구가 창의적이고 훌륭해야 할 뿐만 아니라 평소에 동료 연구자들과 얼마나 원활하게 소통했는지, 얼마만큼 자신의 연구를 설득력 있게 설명할 수 있는지가 중요하다.

물론 공부나 연구 또는 그 외에 어떤 일을 하든지 상을 받는 일이 목적이 되어서는 안 된다. 하지만 노벨상을 받는다면 수상자나 나라 모두 무척 영광스러운 일이고, 수상을 계기로 우리나라 과학계가 더 많이 발전할 수 있다는 것에는 틀림이 없다. 따라서 과학자들이 열심히 연구하고, 관련 기관과 정부는 힘써 뒷받침한다면 우리나라도 곧 좋은 결과를 얻게 될 것이다.

노벨 수상자는 어디에서 결정될까?

노벨상은 여러 종류가 있어요. 수상자를 결정하는 곳도 다 다릅니다. 일 년에 단 한 번 열리는 노벨상 시상식의 주인공은 어디에서 선정할까요?

🇸🇪 스웨덴 학술원 – 문학상

1786년 스웨덴 어와 스웨덴 문학의 보존 및 발전을 위해 설립된 왕립 학술원이다. 노벨 문학상을 비롯해 다양한 문학상을 수여한다. '재능과 안목_{사물을 보고 분별할 줄 아는 힘}'을 표어로 내세운다.

🇸🇪 스웨덴 카롤린스카 연구소 - 생리·의학상

1810년 설립된 이래, 유럽에서 가장 크고 권위 있는 의학 대학 겸 연구소 가운데 하나로 자리 잡았다. 스웨덴 의학 교육의 중심으로, 스웨덴에서 활동하는 내과, 치과, 정신과 의사들의 3분의 1 정도가 이곳에서 공부했다.

🇸🇪 스웨덴 왕립 과학 학술원 - 물리학상, 화학상, 경제학상

스웨덴의 여러 왕립 학술원 가운데 하나로, 1739년 자연과학과 수학 연구 발전을 위해 설립되었다. 과학 잡지 발간, 과학자끼리의 교류, 나라간 과학 연구 협력 등을 적극적으로 돕는다.

🇳🇴 노르웨이 노벨 위원회 - 평화상

노벨 평화상의 수상자를 선정하고 시상하는 권한을 가진다. 1936년까지는 노르웨이 정부 임원들이 위원으로 뽑혔지만, 1935년 평화상을 둘러싼 논쟁이 벌어진 이후로 국회의원은 노벨 위원회 위원이 될 수 없게 되었다.

노벨상 ○×퀴즈

노벨상이 어떻게 시작되었는지, 또 수상자는 어떻게 결정되는지 잘 읽어 보았나요? 다음 문장을 읽고 맞는 문장에는 ○를, 틀린 문장에는 ×를 그려 주세요.

Q1 노벨은 유언장에 화학상, 물리학상, 생리·의학상, 문학상, 평화상, 경제학상 등 모두 6개의 상을 만들라고 남겼다.

Q2 노벨 수상자는 발표 순간까지 전혀 소식을 들을 수 없다.

Q3 노벨상은 오직 살아 있는 사람에게만 준다.

Q4 노벨사 수상자는 모두 같은 날에 발표된다

Q5 평화상은 스웨덴 스톡홀름 콘서트홀에서, 나머지 5개의 상은 노르웨이 오슬로 시청에서 상을 수여한다.

정답 01. × (경제학상은 1969년 추가됨. 중앙은행이 기금을 따로 만들어 놓았다.) 02. ○ 03. ○ 04. × (이틀에 걸쳐 수상자를 발표한다.) 05. × (평화상은 노르웨이 시청에서, 나머지 5개의 상은 스웨덴 스톡홀름에서 시상식을 한다.)

3장

엑스레이 사진으로 시작된 물리학상

 화려한 과학 쇼를 준비하자!

할아버지가 바로 안내해 주신 덕분에 나는 엄마를 만날 수 있었어. 깔끔한 옷에 사뿐사뿐한 걸음걸이. 천방지축 말괄량이인 이모하고는 전혀 달랐지. 나는 한눈에 엄마가 좋아졌어. 우아한 과학자라니, 생각만 해도 멋지지?

"수지야, 어서 오렴."

엄마는 뒤도 돌아보지 않고 인사했어. 뭔가를 열심히 들여다보고 있었지. 엄마 방은 복잡한 기기로 가득했어. 옆에 딸린 작은 방에도 장비가 잔뜩 있었지. 생각보다 깨끗했고, 컴퓨터가 여러 대 놓여 있었어.

"내 방이 일반 과학 실험실하고는 조금 다르지? 물론 비커가 잔뜩 있거나 공장 같은 실험실들도 많지만 모든 실험실이 다 그런 건 아니야.

나는 주로 컴퓨터를 이용해 연구한단다."

 엄마는 그제야 내 쪽을 돌아보며 말했어. 엄마는 편안한 셔츠에 청바지 차림이었지. 할아버지가 엄마에게 물었어.

"준비는 잘 되고 있니?"

"아, '그거' 말씀이시군요. 네, 거의 다 됐어요. 마침 잘 오셨어요. 한번 보실래요?"

"그러자꾸나. 흠, 기대되는데? 이번 주제는 뭐니?"

"엑스선(X선)과 방사선이에요! 놀라운 예술 작품이 나올 거예요!"

 엄마는 의기양양한 자세로 손가락을 탁 하고 튕겼어. 그러자 실험실의 불이 확 꺼졌지. 그 순간 나는 깜짝 놀라 뒤로 넘어질 뻔했어. 갑자기 벽에 무시무시한 해골 그림자가 나타났지 뭐야! 그리고 그 뒤에서 누군가 '짠!' 하고 나타났어. 마법사 복장에 요술 봉을 들고 말이야!

엑스레이 사진으로 시작된 물리학상

엄마의 노벨 방송

안녕하세요. 저의 과학 강연 예행연습에 오신 여러분을 환영합니다. 수지 덕분에 방송에 다 나오네요. 저는 노벨상 시상식에 오신 손님들을 위해 화려한 과학 쇼를 준비하고 있어요. 오신 분들이 발표만 듣고 가면 아쉽잖아요? 이왕에 재미있는 쇼도 보고 과학도 잘 이해하면 더 좋겠죠?

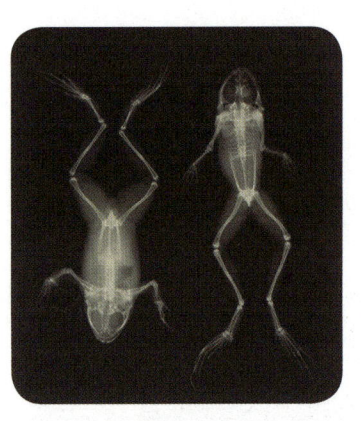
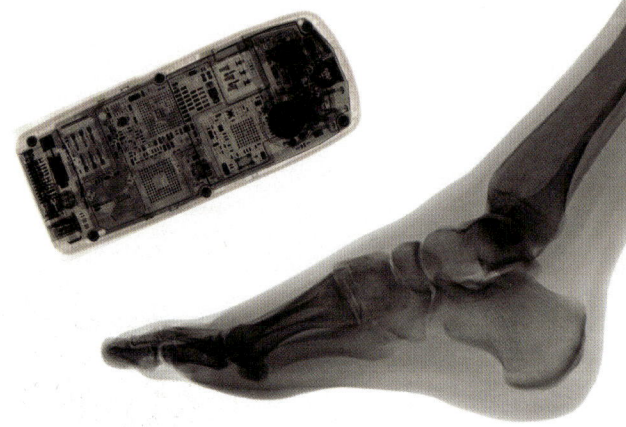

자, 여러분, 이 사진이 어떤가요? 무섭다고요? 에이, 귀신이 나온 것도 아닌데 무섭긴요. 이 그림은 사람과 동물, 사물들을 엑스선으로 촬영한 사진이에요. 단, 몸에 해가 가지 않도록 조심하면서 아주 조금씩 찍었어요. 저는 이 그림으로 노벨 물리학상의 역사에 대해 이야기할 거예요. 조금 어렵지만 끈기를 갖고 들어 보세요!

1부 엑스선의 발견

1901년 첫 번째 노벨상 수상자가 결정됐어요. 그 가운데 물리학상 수상자는 누구였을까요? 바로 엑스선을 발견한 독일의 빌헬름 뢴트겐이었어요. 이 발견은 물리학 역사뿐만 아니라 의학 발전에도 크게 기여했어요. 사람 몸속을 바깥에서도 볼 수 있었기 때문에 아픈 부위나 병의 원인을 조금 더 쉽게 찾을 수 있었지요.

하지만 뢴트겐이 엑스선을 발견한 유일한 사람은 아니었어요. 당시 많은 물리학자들이 뭔가 빛처럼 보이는 새로운 현상을 연구하고 있었지요. 하지만 가장 과학적이고 체계적으로 연구해 성질을 밝히고, 엑스선이라는 이름까지 지은 사람은 뢴트겐이었어요. 뢴트겐은 처음에 반지를 낀 자기 아내의 손을 엑스선으로 찍었어요. 이 사진은 사람들에게 큰 충격을 주었죠. 마치 피부와 살이 없는 듯 뼈대만 앙상하게 드러난 모습이었으니까요!

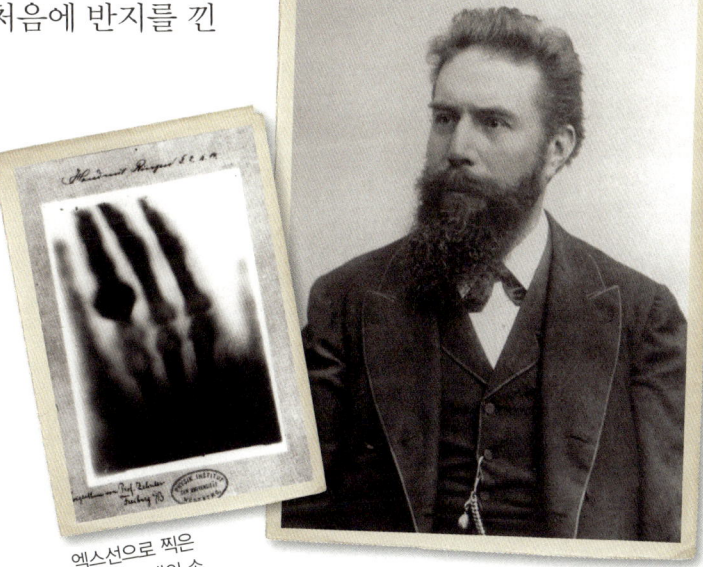

엑스선으로 찍은 뢴트겐 아내의 손

빌헬름 뢴트겐(1845~1923년)

엑스선 발견으로 첫 노벨 물리학상을 받은 일은 아주 상징적인 사건이었어요. 왜냐하면 그 이후 노벨 물리학상은 줄줄이 비슷한 발견과 연구에 주어졌거든요. 첫 노벨 물리학상 이후 이듬해인 1902년에는 전자기파의 전달에 대한 연구, 1909년에는 전파를 이용한 무선 전신 개발 연구, 1914년과 1915년에는 엑스선을 분석해 물체가 아니라 물질의 내부 구조까지 파악하는 연구가 노벨 물리학상을 받았지요. 또한 1924년에도 '엑스선 분광학'이라는 연구가 상을 받았어요.

빛과 엑스선은 모두 '전자기파'의 한 종류예요. 전자기파는 상태에 따라 여러 가지 다른 모습을 띠어요. 어떤 때는 우리 눈으로 볼 수 있는 가시광선이 되기도 하고, 또 어떤 때는 눈에 보이지 않는 자외선, 적외선, 엑스선이 되기도 해요. 라디오나 텔레비전, 휴대전화 등에 널리 쓰이는 전파 역시 전자기파의 일종이지요. 엑스선의 발견은 이렇게 다양한 종류의 전자기파를 알아내고 연구할 수 있는 계기를 마련해 주었어요. 그 결과 오늘날의 레이저나 전파 시대를 열 수 있었답니다.

2부 빛도 엑스선도 다 알갱이!

전자기파의 발견이 단순히 여러 가지 종류의 빛과 전파를 이해하는 데에만 사용된 건 아니에요. 사실 진짜 중요한 이야기는 그 이후부터예요.

당시에는 몇 가지 종류의 빛만 널리 알려져 있었어요. 우리가 흔히 아

마리 퀴리　　앙리 베크렐　　필립 레나르트

는 빛 이외에 뢴트겐이 발견한 엑스선과 음극선이라는 빛이 대표적이었죠. 음극선은 전기를 파바박 하고 내보낼 때 얻을 수 있는 특이한 에너지 파였는데, 다른 전자기파와 비슷한 것 같으면서도 달라서 물리학자들을 골치 아프게 했어요. 그런데 베크렐이 또 다른 빛을 발견해 냈어요. 바로 아무런 처리를 하지 않아도 에너지를 내는 방사선이었죠. 1903년 세 번째 노벨 물리학상은 이 방사선을 연구한 퀴리 부부와 프랑스의 물리학자 앙리 베크렐이 함께 받았어요. 그리고 1905년에는 음극선 연구를 했던 독일의 물리학자 필립 레나르트가 노벨 물리학상을 받았어요. 이 연구들을 시작으로 지금까지 설명한 전자기파, 음극선, 방사선이 모두 아주 작은 알갱이인 '입자'로 되어 있다는 공통점을 밝혀낼 수 있었어요. 즉, 이들을 하나의 현상으로 설명할 수 있는 길이 열린 거

알베르트 아인슈타인(1879~1955년)

예요. 여기에 가장 큰 공헌을 한 사람이 바로 그 유명한 아인슈타인이에요. 아인슈타인은 빛도 입자로 되어 있다고 말하며 '광양자'라는 이름을 붙였어요. (나중에 '광자'로 불리게 됐어요.) 이 연구 역시 1921년에 노벨 물리학상을 받았답니다.

3부 새로운 물리학의 시대

헉헉! 여러분, 잘 들리나요? 방송이란 게 참 힘드네요. 하지만 이제 얼마 남지 않았어요. 조금만 더 힘을 내서 파이팅!

물리학이 발전하면서 입자를 이용해 우주의 여러 가지 물질과 힘에 대해 설명하려는 노력이 계속되었어요. 그리고 입자는 지금까지 보던 것과는 달리 아주 새롭고 이상한 특징을 가지고 있다는 사실도 알아냈지요. 이렇게 입자에 대해 연구하는 물리학을 '양자역학'이라고 말해요. 양자는 입자를 가리키는 말이랍니다.

양자역학은 물리학의 역사를 완전히 바꿔 놓았어요. 그리고 양자역학을 연구한 수많은 과학자들이 노벨 물리학상을 받았죠. 1932년 노벨 물리학상을 받은 독일의 물리학자 베르너 하이젠베르크의 '불확정성 원리' 역시 양자역학의 가장 유명한 기초 원리 가운데 하나예요.

여러분은 혹시 '쿼크'라는 말을 들어 본 적이 있나요? 쿼크는 물질을 이루는 가장 작은 입자를 말해요. 이런 쿼크 사이의 관계나 힘을 이론으로 설명한 과학자들도 역시 노벨상을 받았답니다. 2000년 이후에도 꾸준히 양자역학을 연구하는 과학자들이 노벨상을 받았어요. 그리고 우주의 질량을 나타내는 데 필요한 '힉스'라는 입자를 예측하고 실제로 발견까지 한 과학자들도 2013년에 노벨상을 받았어요. 힉스는 자연계의 현상을 설명하는 17가지 입자 중 마지막 입자였죠. 이론적으로는 이미 1960년대 영국의 물리학자인 피터 힉스 박사님을 중심으로 6명의 물리학자가 계산했지만 50년이 지나도록 찾을 수가 없었는데 2012년 8월 초 드디어 힉스 입자를 찾아냈고 2013년 10월 6일에 공식적으로 확인이 된 거예요! 지금까지 중요한 입자를 발견하거나 이론적으로 발표한 과학자는 거의 노벨상을 받았던 것처럼 힉스의 존재를 밝혀낸 힉스 박사님과 동료 과학자 프

쿼크 이론을 처음 세상에 내놓은 미국의 물리학자 머리 겔만(1929~)

힉스 이론을 계산해 낸 6명의 과학자, 왼쪽부터 키블, 구럴닉, 헤이건, 앙글레르, 브라우트, 아래 사진은 힉스

랑수아 앙글레르 박사님도 이듬해 노벨 물리학상 수상자가 되었답니다.

이처럼 길고 긴 물리학의 역사는 모두 1901년 뢴트겐이 받은 첫 번째 노벨 물리학상에서 시작되었지요. 자, 어때요? 이제 20세기에서 21세기로 이어지는 물리학과 노벨 물리학상의 역사가 한눈에 보이죠? 에헴, 그럼 다시 현실로 돌아가겠습니다. 얍!

엄마는 끝으로 만화에 나오는 주인공처럼 한 바퀴 빙그르르 돈 다음, 요술 봉을 하늘 높이 치켜들면서 공연을 마쳤어. 내용은 머리가 아플 정도로 엄청 진지한데 요술 봉이라니! 할아버지 역시 "끙……." 하는 소리와 함께 머리를 절레절레 흔들었어. 정말 이 집안 사람들 어떡하지!

노벨상 연표

노벨상은 1901년(경제학상은 1969년) 시작된 이후 수많은 수상자들을 배출했어요.
각 분야별로 대표적인 수상자와 그들의 업적에 대해 알아볼까요?

물리학상

1901년 빌헬름 뢴트겐(독일)
X선 발견

1903년 마리 퀴리(프랑스)
방사성 연구

1908년 가브리엘 리프만(프랑스)
컬러 사진 감광판 개발

1921년 알베르트 아인슈타인(스위스)
이론 물리학 분야에 많은 공헌을 했음

1964년 찰스 타운스(미국), 니콜라이 바소프(구소련),
알렉산드르 프로호로프(구소련)
'레이저' 연구의 토대가 된 '메이저' 연구

1967년 한스 베테(미국)
별이 어떻게 빛나는지 에너지를 연구해서 밝혀냄

1971년 데니스 가보르(영국)
3차원 사진 기술인 홀로그래피 발명

1990년 제롬 프리드먼(미국), 헨리 켄들(미국),
리처드 테일러(미국)
물질의 가장 기본 단위인 입자 '쿼크' 발견

2006년 존 매더(미국), 조지 스무트(미국)
우주 대폭발(빅뱅)의 이론을 뒷받침하는 증거 발견

2012년 데이비드 와인랜드(미국), 세르주 아로슈(프랑스)
양자계의 측정과 조작을 가능하게 하는 실험 방법을 개발

2014년 아카사키 이사무(일본), 아마노 히로시(일본), 나카무라 슈지(일본)
청색 LED 개발

빌헬름 뢴트겐

마리 퀴리

가브리엘 리프만

화학상

1911년 마리 퀴리(프랑스)
방사성 물질 라듐과 폴로늄을 발견하고, 라듐을 분리함

1918년 프리츠 하버(독일)
암모니아를 합성하여 질소 비료 생산

1937년 월터 호어스(영국), 파울 카러(스위스)
비타민 C와 카로티노이드 등 몸에 좋은 물질 화학 연구

1954년 라이너스 폴링(미국)
화학 결합 특성 연구(그는 1962년 평화상도 수상했어요.)

1961년 멜빈 캘빈(미국)
광합성의 화학적 단계 연구

1963년 줄리오 나타(이탈리아), 카를 치글러(독일)
플라스틱의 구조와 합성 연구

1995년 파울 크루첸(네덜란드), 셔우드 롤런드(미국), 마리오 몰리나(미국)
오존층 형성과 파괴에 대한 연구

2012년 로버트 레프코위츠(미국), 브라이언 K. 코빌카(미국)
화학 신호를 전달하는 G단백질 연결 수용체 연구

2019년 존 배니스터 구디너프(미국), 스탠리 휘팅엄(영국/미국), 요시노 아키라(일본)
리튬 이온 전지 개발

라이너스 폴링

멜빈 캘빈

경제학상

1970년 폴 A. 새뮤얼슨(미국)
경제 이론의 과학적 분석

1979년 W. 아서 루이스(영국), 시어도어 W. 슐츠(미국)
개발도상국의 경제 과정 분석

1998년 아마르티아 센(인도)
복지 경제학과 사회적 선택에 대한 연구

2012년 앨빈 로스(미국), 로이드 섀플리(미국)
안정적 할당 이론과 시장 설계의 실증적 연구

2015년 앵거스 디턴(영국)
소비, 빈곤, 복지에 대한 분석

아마르티아 센

폴 A.새뮤얼슨

생리의학상

1905년 로베르트 코흐(독일)
결핵과 결핵균 연구

1930년 카를 란트슈타이너(미국)
ABO식 혈액형 분류

1945년 A. 플레밍(영국), 언스트 보리스 체인(영국),
H. W. 플로리(오스트레일리아)
페니실린 발견

1962년 프랜시스 H. C. 크릭(영국), 제임스 D. 왓슨(미국),
모리스 윌킨스(영국)
디엔에이(DNA) 구조 발견

1976년 버룩 블럼버그(미국),
칼턴 가이듀섹(미국)
쿠루 병 연구와 전염병의 기원 연구

2003년 폴 로터버(미국),
피터 맨스필드(영국)
물체를 3차원으로 보는
NMR(자기공명영상) 기술 연구

2010년 로버트 에드워즈(영국)
체외 수정 기술 개선

2012년 야마나카 신야(일본),
존 거든(영국)
유도 만능 줄기세포 응용 연구

2020년 하비 알터(미국), 마이클 호튼(영국),
찰스 라이스(미국)
C형 간염 바이러스 발견

로베르트 코흐

카를 란트슈타이너

로버트 에드워즈

문학상

1913년 R. 타고르(인도), 시인
『아침의 노래』, 『마나시』 등

1938년 펄 벅(미국), 소설가
『대지』 등

1946년 헤르만 헤세(스위스), 소설가
『수레바퀴 밑에서』, 『데미안』 등

1947년 앙드레 지드(프랑스), 소설가, 수필가
『좁은문』 등

1954년 어니스트 헤밍웨이(미국), 소설가
『누구를 위하여 종은 울리나』, 『노인과 바다』 등

1968년 가와바타 야스나리(일본), 소설가
『설국』 등

1998년 주제 사라마구(포르투갈), 소설가
『눈 먼 자들의 도시』 등

2012년 모옌(중국), 소설가
『홍까오량 가족』, 『개구리』 등

2016년 밥 딜런(미국), 가수
'바람 만이 아는 대답', '천국의 문을 두드려요' 등

펄 벅   R. 타고르

평화상

- **1917년** 국제적십자위원회(ICRC)
  전쟁 희생자 원조
  (1944년과 1963년에도 평화상을 받았어요.)
- **1952년** 알베르트 슈바이처(독일)
  아프리카 의료 봉사
- **1964년** 마틴 루터 킹 2세(미국)
  흑인 인권 운동
- **1965년** 국제연합아동기금 유니세프(UNICEF)
  아동들의 생활 개선 운동
- **1979년** 테레사 수녀(인도)
  빈민 구호 활동
- **1991년** 아웅 산 수 치(미얀마)
  미얀마 민주화 운동
- **1999년** 국경 없는 의사회
  의료, 보건 지원
- **2000년** 김대중(대한민국)
  한반도의 남북 화해, 동아시아 민주화운동
  (한국 최초의 노벨상이랍니다.)
- **2004년** 왕가리 마타이(케냐)
  친환경적인 발전
- **2012년** 유럽연합(EU)
  유럽 지역의 분열된 국가를
  하나로 묶은 공로
- **2017년** 핵무기폐기국제운동(ICAN)
  UN 100개국 이상이 서명한
  핵무기금지조약 체결에 공헌

알베르트 슈바이처

국제적십자위원회

테레사 수녀

아웅 산 수 치

김대중

이름 옆에 표시된 나라는 상을 받을 당시의 국적이란다. 그리고 적합한 후보자가 없거나 관련 정보를 얻기 힘들 경우 수상이 보류되기도 했지.

 토론왕 되기!

우리를 돕거나 아니면 위험에 빠뜨리거나!

2012년 9월 27일, 경북 구미시 산동면에서 불산(불소 가스) 누출 사고가 일어났다. 사고 당시 현장에 있던 5명이 모두 목숨을 잃었고, 채 몇 시간이 지나지 않아 근처에 있던 농작물들이 말라 죽기 시작했다. 또한 동물들도 콧물을 흘리는 등 이상 증상을 보였고, 두통과 메스꺼움 등에 시달리는 사람들이 점점 늘어났다.

불산은 1771년 스웨덴의 화학자 셸레가 처음으로 발견한 화학 물질로, 셸레는 발견과 동시에 불산이 유리를 녹일 수 있다는 사실도 함께 알아냈다. 불산은 실제로 암석과 광물을 녹일 수 있을 정도로 독성이 강할 뿐만 아니라 피부 조직에 잘 스며들기 때문에 특히 위험한 물질로 여겨진다. 초기에 불산 연구를 하던 어떤 과학자는 눈을 다치거나 손가락이 부풀어 올라 썩기도 하였고, 또 다른 과학자는 불산 가스를 너무 많이 마셔서 목숨을 잃기도 했다. 하지만 1886년이 되자 프랑스의 화학자 앙리 무아상이 불산을 처음으로 안전하게 분리하는 실험에 성공하였고, 1906년 그 성과로 노벨 화학상을 받았다.

하지만 불산(불소 가스)은 생각보다 자주 우리 주위에서 볼 수 있고, 실제로 모두 위험한 것은 아니다. 예를 들어, 불소는 충치를 막아 주는 성질이 있어서 치약에도 사용되며, 뼈를 튼튼히 해 주기 때문에 우리 몸에 꼭 필요한 성분 가운데 하나이다. 이처럼 불산 자체가 문제라기보다는 한 번에 너무 많은 양

불산을 분리해 노벨 화학상을 받은 앙리 무아상

을 접할 때 큰 사고가 발생하게 된다.

실제로 불산을 다룰 때에는 특별히 주의해야 한다. 몸 전체를 보호하는 작업복뿐만 아니라 눈을 보호할 수 있는 안경까지 꼭 착용해야 한다. 또한 작업장에도 환기 시스템이 잘 준비되어 있어야 하고, 해로운 가스를 바로 바로 감지할 수 있는 자동 감지 장치도 반드시 설치해야 한다. 만약 불산에 노출되었다면 즉시 그곳을 벗어나 맑은 공기를 마시고, 가스가 닿은 곳을 물로 씻어 낸 다음, 병원으로 가 치료를 받아야 한다.

이번 구미에서 발생한 사고의 경우 위와 같은 사항을 제대로 지키지 않았기 때문에 사고가 점점 크게 확대되었다. 해당 공장에서는 불산을 관리하는 일에 소홀했고 특별 주의 사항을 잘 지키지 않은 것이 드러났다. 뿐만 아니라 사고 이후 정부의 대책 역시 논란을 불러 일으켰다. 정부는 가스가 누출된 곳의 주민들을 즉시 대피시키지 않았고 한참이 지나서야 대책 방법을 마련하기 시작하였다. 그 동안 주민들은 계속해서 가스에 노출된 상태로 지낼 수밖에 없었는데, 더 큰 문제는 한번 몸에 들어간 불산이 오랫동안 몸속에 남는다는 사실이다. 지금 당장은 별다른 증상이 나타나지 않더라도 심각한 후유증이 생길 수 있기 때문에 즉각적인 조치가 꼭 필요하다.

이처럼 과학은 우리를 도와주기도 하지만, 자칫 잘못하면 사람들의 목숨을 빼앗는 무서운 무기가 될 수도 있다. 방사능 역시 과학사를 바꾼 획기적인 발견 가운데 하나였지만, 그 이후 여러 번의 '원자력 발전소 방사능 누출 사고'로 많은 생명들을 앗아갔다. 아인슈타인 역시 자신이 만든 특수상대성이론이 원자폭탄을 만드는 데 결정적인 역할을 했다는 사실을 알고 죽을 때까지 괴로워했다고 한다.

과학은 우리 생활에 꼭 필요한 학문이며 계속해서 발전해 나가야 한다. 하지만 그 결과에 대해 책임을 지는 일도 꼭 함께 이루어져야 한다. 과학적으로 획기적인 발전이라 할지라도 그 결과가 사람들에게 행복을 가져올지, 아니면 몇몇 사람들만의 욕심으로 많은 사람들을 위험에 빠뜨리는 것은 아닌지 함께 고민해 봐야 할 것이다.

노벨 물리학상의 주인공들

본문을 잘 읽고 다음 문제에 답해 보세요.

Q1 빌헬름 뢴트겐은 엑스선(X선)의 성질을 밝히고 체계적으로 연구한 공로로 노벨상을 받았어요. 그가 X선을 사용해 처음으로 찍은 사진은 무엇인가요?

_____

Q2 다음 과학자와 업적을 연결해 보세요.

❶

㉠ 전자기파, 음극선, 방사선이 모두 아주 작은 알갱이인 '입자'로 되어 있다는 공통점을 밝혀내었어요.

❷

㉡ 아무런 처리를 하지 않아도 에너지를 내는 방사선을 연구하였어요.

정답 Q1. 부인의 왼손 자기 아내의 손 Q2. ❶-㉡, ❷-㉠

4장
새로운 시대를 연 화학상과 생리·의학상

합체와 변신의 신, 화학

"하하하하! 언니 옷이 그게 뭐야!"

우리 셋은 깜짝 놀라 뒤를 돌아봤어. 이모가 언제 왔는지 깔깔거리며 서 있지 뭐야. 이모는 하얀 가운에 동그란 검은 테 안경, 코에는 콧수염을 달고, 무지갯빛 알록달록 가발까지!

엄마와 할아버지는 '또?'라는 표정을 지으며 한숨을 푹푹 내쉬었어.

"어휴, 쟤 또 왜 저러니?"

"글쎄요. 음식 실험하다 뭘 잘못 먹었나 봐요. 가끔 그러잖아요. 신경 쓰지 마세요."

이모가 웃음을 참지 못하며 간신히 말했어.

"깔깔…… 아휴, 배 아파. 언니, 대체 옷이 그게 뭐야? 요술 봉은 또

뭐고? 정말 안 되겠다. 패셔니스타인 나한테 좀 물어보고 그래. 기꺼이 도와줄 테니까."

"그, 그러니?"

엄마는 어이없어하면서도 은근슬쩍 조용히 요술 봉을 내려 놓았어.

"자자, 언니, 됐고! 얼른 우리가 준비한 연극이나 보여 주자. 수지야, 이제부터 언니랑 내가 노벨 화학상과 생리·의학상에 대해 알려 줄게. 지금부터 기막힌 연극 공연을 시작하겠습니다!"

나는 연극을 시작하려는 이모의 팔을 붙잡았어.

"이모, 그래도 제가 촬영을 할 텐데 연극 소개는 하게 해 주세요!"

"아, 그렇구나. 내가 그만 들떠서."

이모는 손에 들고 있던 연극 대본을 나에게 넘겨 주었어.

나는 목소리를 가다듬고 대본을 읽기 시작했지.

"흠흠. 여러분, 안녕하세요. 수지랍니다. 이번에는 엄마와 이모가 출연하는 연극을 소개할게요. 자, 이제 막이 오르고 불이 켜졌어요. 엄마와 이모가 양쪽에서 등장했습니다. 그런데 둘 사이의 땅이 갈라져 있어요. 엄마는 '변신의 신', 이모는 '합체의 여신'이라네요. 먼저 이모가 뭔가를 손에 들고 노래를 시작해요. 자, 조용! 지금부터는 카메라를 무대로 돌리겠습니다!"

수지의 노벨 방송

1막 1장 합체냐 변신이냐 그것이 문제로다!

변신의 신(엄마) : 이 세상 삼라만상_{우주에 있는 온갖 사물과 현상}은 모두 변하지. 달은 차면 기울고, 한낮의 더위도 결국은 식고 말아. 모든 게 변하는데 물질이라고 변하지 않을까. (쇠를 들며) 여기 이것도 결국 어느 순간 금이 될 수 있지. 나 변신의 신이 이 쇠를 금으로 변신시키리니!

합체의 여신(이모) : 아, 안타까워라. 이 세상은 모두 작은 것들이 모여 큰 것을 이룬 것인데. (고개를 흔들며) 아직 변신의 신은 그 사실을 모르는구나. 쇠는 쇠를 이루는 작은 조각들이 모여서 만들어졌고, 금은 금을 이루는 작은 조각들이 모여서 이루어졌다. 쇠에 무슨 수를 써도 금이 될 수는 없는 법. 그런 '연금술'은 이제 과학이 아니다. 화학자들도 그 사실을 알아야 할 텐데. 이런, 안타깝도다!

변신의 신 : 오, 합체의 여신이여. 세상의 모든 물질은 변할 수밖에 없다네. 여기 이 금속에 '촉매_{자신은 변하지 않으면서 다른 물질의 화학 반응에 영향을 미치는 물질}'를 넣어 보게. 갑자기 다른 물질로 변하지 않았나? 이건 1909년 노벨 화학상을 받은 연구라네. 화

학이 중세시대에는 연금술이었다는 사실을 나도 잘 알아. 하지만 시대가 변했어. 화학은 연금술과 상관없이 여전히 변화와 변신을 이끈다네! (자신만만한 표정으로 두 손을 번쩍 든다.)

합체의 여신 : 변신의 신이여, 당신의 말은 맞다. 하지만 다른 해의 노벨 화학상은 변신이 아니라 물질을 합하고 분해하는 연구에 주어졌다는 걸 모르는가? 더 이상 옛날 사고방식으로 내 발목을 잡지 말게나.

변신의 신 : (손에 빛나는 돌을 들고) 이런, 당신은 정말 중요한 걸 잊고 있군. 방사능의 발견이 화학에도 영향을 미쳤다네! 퀴리 부부가 발견한 라듐과 폴로늄은 방사능 에너지를 내며 스스로 다른 물질로 변화한다네. 이것이 변신이 아니고 무엇인가? 얼마나 중요했으면 이미 1903년에 노벨 물리학상을 받았던 마리 퀴리에게 1911년 다시 두 번째로 화학상을 줬겠는가? 합체의 신이여. 방사능이 변신이 아니라면 도대체 무엇인지 내게 설명해 주게나. 합체나 분해로는 설명 못할 걸세.

합체의 여신 : (빛나는 돌 하나를 둘로 쪼개며) 방사능도 다른 입자나 에너지를 내뿜는 것뿐이라네. 즉, 방사성 물질이 다른 작은 물질로 이뤄졌다는 뜻. 물질이 다른 입자를 내놓으면서 변하는 게 바로 방사능이야.

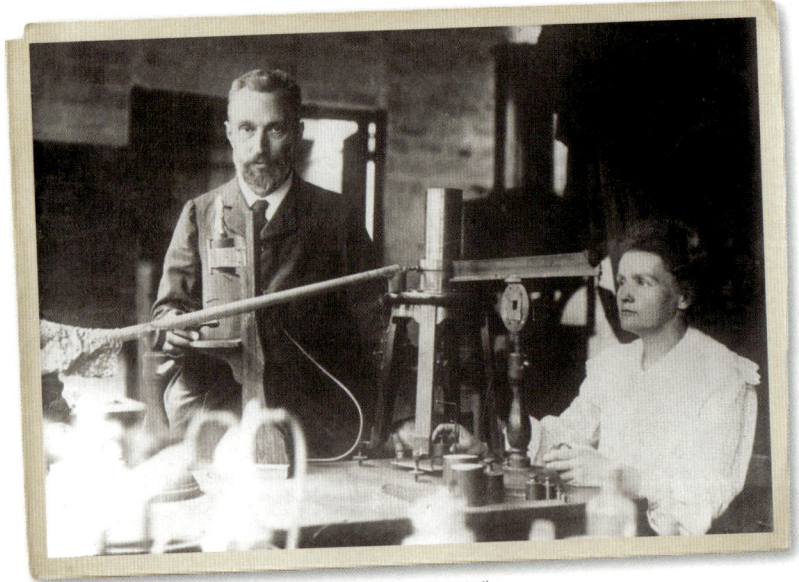
실험실에 있는 퀴리 부부(왼쪽 피에르 퀴리, 오른쪽 마리 퀴리)

1막 2장 새로운 화학의 시대로

변신의 신 : 그럼 다른 이야기를 해 볼까. 노벨 화학상은 또 다른 분야에도 주목했어. 바로 생체물질 생물의 몸과 관련된 물질이지. 1929년 노벨 화학상을 수상한 연구는 바로 필수 영양소 중에 하나인 당의 발효 과정을 밝힌 거였다네. 즉, 우리 몸의 많은 물질이 세포 안의 여러 화학 물질에 의해 바뀌고 이동한다는 사실이었지. 비타민이나 성 호르몬에 대한 연구 역시 마찬가지야. 우리 몸 안에서는 지금도 셀 수 없이 많은 물질들이 순간순간 변화하고 있다네. 바로 변신의 신인 내 말을 따라서!

합체의 여신 : 쯧쯧, 꼭 그렇게만 생각하는구먼. 그런 현상들 역시 작은 물질들이 합쳐지고 나뉘는 과정에서 일어나는 거라네. 그리고 1918년 노벨 화학상을 받은 독일의 물리화학자 프리츠 하버가 암모니아로 비료를 대량 생산할 수 있게 한 후, 새로운 물질에 대한 연구가 많이 이루어졌다네. 예를 들어 볼까? 1996년에는 흑연에 들어 있는 탄소 알갱이로 '버키볼buckyball'이라는 축구공 모양 물질을 만든 연구가 노벨 화학상을 받았다네. 이것 역시 합한 것이지, 변한 게 아니야. 이래도 물질이 변신한다고 주장할 텐가?

프리츠 하버의 암모니아 합성법 연구는 농업 생산력을 크게 증가시켰지만, 제1차 세계대전 때 독가스를 개발하는 데 사용되기도 했다.

변신의 신 : 당연하지! 그것들 또한 변신의 증거라네. 변신이라고 다른 조각으로 분해됐다가 다시 합쳐지지 말라는 법이 있나? 자동차 레고 블록을 분해했다가 다시 조립해 로봇을 만들면 그것도 변신이라네.

합체의 여신 : 변신의 신이여. 그 말은 분해와 합체를 설명한 것이다. 그럼, 변신이 합체와 비슷한 과정이라는 사실을 인정하는 것인가?

변신의 신 : 인정하고 말고가 있나? 그게 사실인걸.

'버키볼'의 구조

새로운 시대를 연 화학상과 생리·의학상

합체의 여신: 그럼 우리 사이에는 사실 의견 차이가 없는 게로군.

변신의 신: 흠, 그런 것 같기도 하군. 나는 여전히 물질은 변한다고 믿는다네. 하지만 그 변화가 물질이 분해되고 합체되면서 나타나는 현상이라는 것 또한 사실인 것 같네. 합체의 여신이여. 그대 역시 지금까지 노벨 화학상이 걸어온 길이 오로지 합체 때문이라고 생각하는 건 아니겠지?

합체의 여신: 그렇지. 노벨 화학상은 물질을 잘게 나누고, 다시 합치고, 그 결과 변화를 일으키고, 변화가 어떤 식으로 얼마나 일어나는지를 자세히 밝힌 사람들에게 주어졌다네. 그게 생체물질인지, 혹은 방사능이나 금속인지, 아니면 탄소 물질인지의 차이만 있을 뿐.

변신의 신: 합체의 여신이여, 이제 우리는 화학이라는 이름 아래 다시 모일 때가 된 것 같구려. 나 변신의 신이 그대에게 가리라.

합체의 여신: 오래도록 이 순간을 기다려 왔다!

(천둥 번개가 치면서 갈라졌던 무대가 하나로 합쳐진다. 엄마와 이모 서로 껴안으며 막이 내린다.)

생명의 비밀을 밝히는 생리·의학
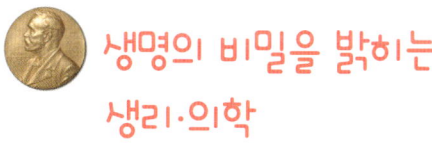

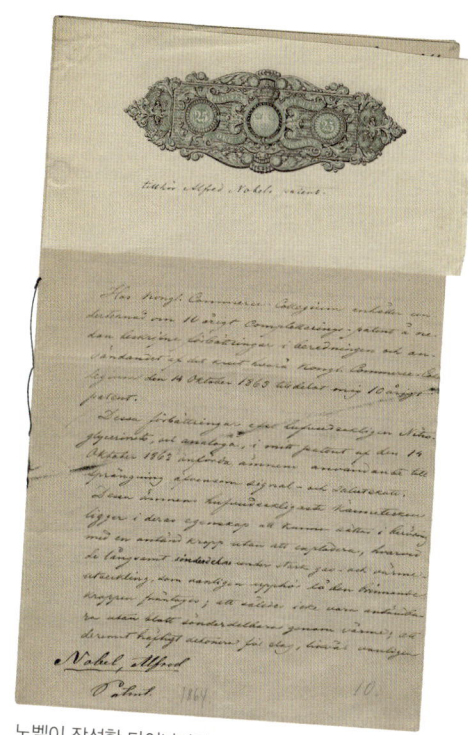
노벨이 작성한 다이너마이트에 관한 특허

"와! 짝짝짝!"

막이 내리자 할아버지와 나는 열렬히 박수를 쳤어. 생각보다 연극이 무척 괜찮더라고. 내가 아까 몰래 흘끔 봤는데 글쎄, 할아버지 눈에 눈물이 그렁그렁하더라고. 슬픈 내용도 아니었는데 왜 그러셨는지 몰라.

아무튼 이 연극으로 노벨 화학상에 대해 좀 더 알 수 있었어. 노벨이 유언장에 남긴 화학상의 조건은 바로 "가장 중요한 화학적 발견이나 개선을 이룬 사람"에게 주라는 것이었지. 하지만 무엇보다 가장 중요한 한 가지는 바로 인류의 삶에 기여를 해야 한다는 거였어. 그래서일까? 노벨 자신은 비록 강력한 무기가 된 다이너마이트를 발명했지만, 112년에 걸친 노벨 화학상의 역사상 무기를 연구한 사람에게 상이 주어진 적은 한 번도 없었단다. 노벨의 뜻이 잘 이어지고 있다는 거겠지?

어이쿠, 벌써 연극 2막이 시작됐네. 2막은 직접적으로 사람들의 삶과 연관된 생리·의학상에 관한 내용이래. 자, 다시 집중해 볼까?

2막 1장 코흐 박사와 왓슨 박사의 생명 과학 실험실

(막이 오르면 실에 매달린 한 개의 인형이 보인다. 그 인형은 콧수염에 신사 복장을 하고 안경을 낀 독일의 의학자 로베르트 코흐 박사다.)

코흐: 흠, 정말 이상한데. 도통 병의 원인을 알 수가 없단 말이야. 얼마 전부터 몇몇 과학자와 의사들이 아주 작은 미생물, 그러니까 세균이 원인이라는 말을 하기도 했지만. 그게 병의 원인이라면 병마다 세균의 종류가 달라야 하지 않을까? 그리고 병에 걸린 사람에게서 세균이 나오기도 해야 하는데. 하아, 어떻게 하면 증명할 수 있을까?

로베르트 코흐(1843~1910년)

(그때 청년 한 명이 바지 주머니에 손을 넣고 들어온다. 약간 노는 걸 좋아하는 듯 껄렁껄렁한 모습.)

왓슨: 아흐, 코흐 박사님. 세균학의 대가이시자 저희 생명 과학계의 대선배이신 박사님을 이렇게 뵙게 돼 영광입니다. 저는 영국에서 유전자를 연구하고 있는 제임스 왓

슨이라고 합니다.

코흐: 왓슨 군이라고? 반갑네. 독일의 의학자 로베르트 코흐일세. 그런데 자네는 나보다 한참 후대에 활약하는 사람인데 어찌 지금 여기에 나와 같이 있는가?

왓슨: 아흐, 코흐 박사님도 참. 연극 처음 해 보십니까?

코흐: 흠흠, 아, 아닐세. 그건 그렇고 자네 이상한 말을 하더군. '생명 과학'이라니 그런 학문도 있나? 의학이면 의학, 생물학이면 생물학이지.

왓슨: 코흐 박사님이 살아 계실 때는 그런 말을 쓰지 않았지만 요즘은 그런 말을 쓴답니다. 우리가 눈으로 볼 수 있는 생물뿐만 아니라, 그 안의

매우 작은 움직임까지 관찰하고 연구해야 하기 때문이죠. 그래서 요즘은 화학, 생물학, 의학을 다 함께 연구한다는 뜻으로 '생명 과학'이라고 부른답니다.

코흐 : 하지만 지금 노벨상에서는 '생리·의학상'이라는 말을 쓰는데?

왓슨 : 노벨상이 만들어지던 시기에는 의학과 생리학_{생명체 내부의 원리를 밝히는 학문}이 아주 중요했기 때문이겠죠? 코흐 박사님도 1905년에 상을 받으실 거예요. 아아, 놀라지 마시고요. 나중에 얘기해 드릴게요. 아무튼 시간이 지나면서 노벨상도 조금씩 변했답니다. 20세기 중반을 넘어서면서 생명 과학이 차지하는 비중이 점점 늘었지요. 근데 박사님, 뭔가 골치 아파하시는 것 같은데요.

코흐 : 흠, 우리 시대에는 아직까지 세균에 대해서 잘 몰랐다네. 우리 시대의 의학 기술로는 미생물을 매번 찾을 수 없었거든. 또 누가 분리하느냐에 따라 다르기도 하고. 그래서 아직 병의 원인이 세균인지, 만약 세균이라면 어떤 세균인지 확실히 알지 못했다네.

왓슨 : 그래서 바로 박사님이 세균을 분리하고 키우는 방법을 연구하셨죠. 그 덕분에 결핵을 비롯해 티푸스, 말라리아 같은 전염병이 각기 다른 세균에 의해 옮겨진다는 사실도 밝히셨잖아요! 그건 정말 대단한 일이었어요. 병에 대한 생각을 완전히 바꾸는 계기였죠. 세균이 병을 일으키고, 그걸 다른 사람에게 옮긴다는 것 그리고 병에 따라 세균의 종

류가 모두 다르다는 사실은 오늘날에는 상식이지만 19세기 말에는 그렇지 않았거든요.

코흐 : 잘 알고 있군 그래. 특히 우리 때는 결핵이 아주 무서운 질병이었어. 죽는 사람도 정말 많았지. 내 덕분에 치료법과 예방법을 발견했다니 다행이군. 예방을 위해 주변 환경과 몸을 깨끗이 해야 한다는 위생 개념이 생긴 것도 다 내 연구 덕분일세, 하하하!

왓슨 : 겸손하신 코흐 박사님 치고는 꽤 적극적으로 자랑하시는데요?

코흐 : 뭐 자랑까지는 아니고 자네가 그렇다고 하지 않았나, 흠흠.

왓슨 : 맞아요. 박사님의 연구는 아주 중요했어요. 그 후 20세기 내내 세균학과 미생물학 연구가 활발히 이루어졌거든요. 원생생물에 관한 연구가 1907년 노벨상을 받고, 티푸스 연구가 1928년, 황열병에 대한 연구가 1951년 노벨

베를린에 있는 코흐의 상

상을 받았지요. 한편 면역에 대한 연구도 1908년과 1919년 등 여러 차례 상을 받았고, 세균을 없애는 '항균' 효과에 대한 연구도 1939년에 노벨상을 받았어요.

코흐: 하지만 왓슨 군, 내 시대는 금세 지나갈 거야. 이후에는 다른 미생물 연구가 더 주목 받겠지.

왓슨: 맞아요. 그게 바로 '바이러스'죠. 세균은 '박테리아'라고 불리는 미생물인데, 이보다 더 단순하고 작은 바이러스에 대한 연구가 시작돼요. 박사님 시대에는 너무 작아서 연구하기 어려웠죠.

코흐: 내가 세균 배양인공적인 환경을 만들어 세포나 미생물 등을 기름법을 개발한 것처럼, 바이러스를 배양하는 방법을 개발한 연구가 1954년 노벨상을 받는다며? 소아마비가 바이러스 때문이라는 것도 밝혀내다니, 후배들이지만 정말 대단하군!

왓슨: 그뿐만이 아니에요. 1960년대와 1970년대에는 바이러스의 유전적 구조를 발견한 연구나 암 바이러스 연구 등이 상을 받았어요. 1980년대에도 상은 계속 이어졌죠.

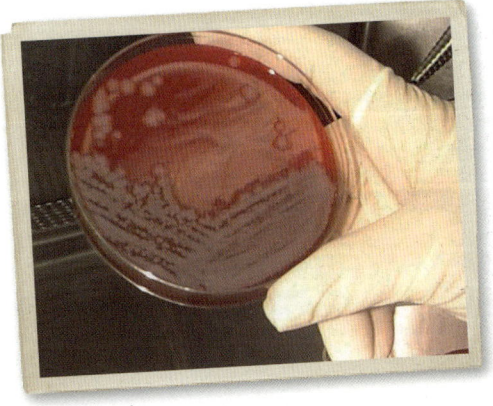

세균 배양 모습

2막 2장 세균의 시대에서 생명 과학의 시대로

왓슨: 아흐, 박사님. 근데 이제 제 이야기를 해도 될까요?

코흐: 자네, 아까부터 자꾸 '아흐' 하고 말하는데, 그거 내 이름 갖고 놀리는 거 아닌가?

왓슨: (손사래를 치며) 아흐, 박사님, 그럴 리가요. 그냥 제 말버릇이에요. (식은땀을 훔치며) 그나저나 요즘은 생명 과학의 시대가 됐다고 말씀 드렸죠? 거기에 중요한 역할을 한 사람이 바로 저예요.

코흐: 혹시 그 '유전자'라는 걸 말하는 건가?

왓슨: 네, 맞아요. 어떻게 생명체가 자신의 특징을 후대에 물려주는지 화학을 이용해 그 원리를 밝힌 게 바로 유전자예요. 예전부터 과학자들은 유전을 일으키는 물질이 있을 거라고 생각했어요. 하지만 아무도 그게 뭔지 정확히 몰랐어요. 그래서 그 물질이 무엇이고 구조가 어떤지 밝히는 일이 1950년대 초반의 중요한 과제였죠. 그 당시 유럽의 여러 나라와 미국이 서로 경쟁하며 연구했는데, 결국 저와 제 친구 프랜시스 크릭이 결국 해냈답니다.

제임스 왓슨(1928~)

새로운 시대를 연 화학상과 생리·의학상

그 연구로 1962년 생리·의학상도 받았고요.

코흐: 유전자가 대체 어떤 물질인가?

왓슨: 디엔에이(DNA)라고 불리는 물질이에요. 탄소로 된 긴 막대기에 핵산이라는 물질이 붙어서 꽈배기처럼 꼬여 있어요. 거의 모든 생명체에 유전을 일으키고, 몸을 구성하거나 생체 현상을 일으키는 단백질을 만들어 주지요.

코흐: 오, 정말 흥미롭군. 그 후 유전자 관련 연구가 노벨 생리·의학상을 휩쓸었단 말이지?

왓슨: 헤헤, 휩쓸었다기보다 상을 많이 받기는 했죠. 효소(단백질) 조절 작용에 관한 연구가 1965년, 유전 암호 해독에 관한 연구가 1968년에 받았으니까요. 진짜 중요한 건 유전자가 알려진 이후 많은 과학 연구가 유전자를 중심으로 이뤄졌다는 사실이에요. 이제는 면역이든 질병 연구든 유전자와 관련 없는 연구가 거의 없답니다. 예를 들면요, 박사님이 발견하신 세균이나 이후 발견된 바이러스까지 전체 유전자 내용(흔히 '게놈' 또는 '유

전체'라고 불러요.)을 다 분석할 정도예요. 요즘은 아예 사람의 전체 유전자를 분석하고, 그 가운데 어떤 유전자가 어떤 질병과 연관이 있는지까지 연구하고 있어요. 세계 최초로 개인의 게놈을 분석할 수 있도록 유전자를 공개한 사람 중 하나가 저랍니다. 에헴!

코흐: 흐음, 자네의 공이 대단하군.

왓슨: 감사합니다.

DNA의 구조

코흐: 아무튼 자네 같은 훌륭한 후배들이 계속해서 활약한다니 내가 다 뿌듯하다네. 자, 우리 자리를 이동해 좀 더 자세히 얘기해 봄세. 어떤가?

왓슨: 아흐, 저야 당연히 좋죠!

코흐: 근데 그 '아흐'라는 말 꼭 해야 하나…….

막이 내리자 이제 나도 어떤 분야가 어떻게 상을 받는지 대강 알 수 있었어. 그런데 문제가 하나 생겼지 뭐야. 엄마와 이모가 갑자기 말다툼을 하기 시작한 거야!

"애, 너 자꾸 아흐, 아흐 할 거야? 내가 다 약이 오르잖아!"

"언니한테 한 것도 아닌데 유치하게 왜 그래? 그냥 연극이잖아."

"싫어. 내가 싫다고! 존경하는 코흐 박사님을 놀리는 거 싫어. 그리고 유치하다니? 너 언니한테 그게 무슨 말버릇이야?"

"에이, 언니는 너무 고지식해."

"뭐라고?"

"맨날 틀어박혀서 연구만 하고 있으니까 그렇지. 요술 봉이나 들고, 킥킥."

"그러는 넌! 맨날 괴상한 물건이나 모으면서."

"괴상하다니? 나의 귀중한 큰사슴 뿔 화석과 스컹크 악취 시약, 고래 이빨에 낀 치석이 얼마나 사랑스러운데!"

아이코, 이를 어째? 할아버지의 얼굴이 점점 홍당무로 변하기 시작했어. 난 할아버지의 인내심이 다 없어져 버리기 전에 슬그머니 그 방을 빠져나왔지. 그런데 말이야. 나중에 이모한테 스컹크 악취 시약과 고래 이빨 치석은 꼭 구경시켜 달라고 해야겠어!

미래의 생리·의학상은 어디로?

20세기 후반은 유전자의 시대로 불리기도 해. 하지만 노벨 생리·의학상을 보면 의학과 생물학 분야의 다른 흐름도 알 수 있지.

시간이 지나면서 세균이나 바이러스가 아닌 새로운 병원체가 병을 일으키기 시작했어. 바로 변형 단백질인 '프리온'이었지. 단백질이지만 마치 전염이라도 일으키는 듯 다른 단백질을 변형시켰어. 결과적으로 아주 무서운 병원체였단다.

프리온 연구는 1997년 노벨상을 받았는데, 사실 1976년 이미 노벨상을 받은 '뉴기니의 식인 풍습 연구'와도 연관이 깊었어. 뉴기니에는 죽은 조상의 몸을 먹는 원주민이 있었는데, 이들은 '쿠루'라는 질병에 잘 걸렸대. 몸을 떨다가 결국 죽게 되는 무서운 병이었는데 아무도 원인을 몰랐지. 하지만 미국 국립보건원의 가이두섹 박사가 직접 뉴기니에 가서 몇 년간 연구한 끝에 식인 풍습이 원인이라는 사실을 밝혀냈어. 그런데 나중에 시간이 흘러 그 원인이 바로 뇌 속에 있는 프리온이라는 단백질 때문이라는 게 알려진 거야. 오늘날에는 쿠루 병뿐만 아니라 소에 걸리는 광우병과 양에 걸리는 '스크래피'라는 병이 다 프리온 때문이라는 사실이 밝혀졌어. 이처럼 생리·의학 분야에는 연구할 주제가 아주 많아. 대표적으로 뇌 과학과 신경 과학이 있어. 노벨상 초창기인 1906년에 신경계 구조 연구가 상을 받은 이후, 신경 과학은 꾸준히 수상자를 냈어. 하지만 뇌는 매우 신비롭고 복잡하기 때문에 아직 아무도 제대로 알지 못해. 뇌의 신비를 알면, 그 구조와 원리를 인공 지능이나 인공 뇌 등에 적용할 수 있기 때문에 많은 과학자들이 도전하고 있단다.

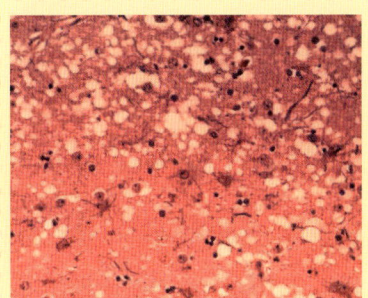

프리온의 공격을 받은 조직.
스펀지처럼 구멍이 나 있다.

기억하고 싶은 노벨상 연설문

노벨상 시상식에서는 상을 수여하기 전, 수상자의 업적과 삶에 대해 설명하는 글을 간단히 낭독해요. 스웨덴 국왕 또는 선정 연구소의 소장, 당대의 유명한 학자 등이 읽는데, 아주 아름답고 감동적이랍니다. 수상자의 수락 연설문 또한 마찬가지예요. 대표적인 연설문들을 함께 읽어 볼까요?

Albert Einstein

아마 오늘날 알베르트 아인슈타인 박사만큼 이름이 널리 알려진 물리학자는 없을 것입니다. 대부분의 물리학 연구는 그의 상대성 이론을 근거로 했습니다. (…) 그의 연구 덕분에 양자 이론은 고도로 완벽해졌고, 훌륭한 연구 문헌들이 많이 나와 이 이론의 뛰어난 가치를 증명했습니다.

— 1921년 노벨 물리학상 수상자
알베르트 아인슈타인을
소개하는 글 중에서

Theresa

노르웨이 노벨상 위원회에서는 1979년 평화상을 테레사 수녀에게 수여합니다. 1979년은 평화의 해가 아니었습니다. 결코 인도주의적이지 못한 국가들이 극단적으로 잔인함을 내보였고, 사람 및 이념 사이의 다툼과 분쟁이 끊이지 않은 해였습니다. 우리는 전쟁을 목격했고, 폭력의 무절제한 남용도 목격했으며, 광기와 손을 잡은 냉소주의도 목격했습니다. 인간의 생명과 위엄에 대한 도전도 목격했습니다. (…) 테레사 수녀와 동료들은 일을 자선의 의무로써 했지, 짐으로 여기지 않았습니다. (…) 월드 뱅크 총재는 이렇게 말했습니다.

"테레사 수녀는 인간의 존엄성과 비폭력주의를 믿는 가장 근본적인 방법으로 평화를 불러왔다. 노벨 평화상을 받을 만한 덕목이다."

— 1979년 노벨 평화상 수상자
테레사 수녀를 소개하는 시상 연설문 중에서

Marie Curie

박사님. 1903년 스웨덴 왕립과학아카데미는 박사님과 돌아가신 남편이 함께한 방사성에 대한 기념비적인 발견으로 노벨 물리학상을 드렸습니다. (…) 노벨상이 수여된 지 11년째인 올해는 이미 받은 수상자에게 또 한 번의 상을 수여하는 최초의 해가 됐습니다. 여기 이 청중들은 당신의 최근 발견이 얼마나 중요한지 증명하고 있습니다. 박사님에게 이 상을 기꺼이 수여하기로 결심한 폐하로부터 상을 받으시길 바랍니다.

— 1911년 노벨 화학상 수상자
마리 퀴리를 위한 글 중에서

Kim Daejung

국왕 폐하,
왕세자와 공주 등 왕실 가족 여러분,
노르웨이 노벨 위원회 위원 여러분
그리고 내외 귀빈과 신사 숙녀 여러분.

노르웨이는 인권과 평화의 성지입니다. 노벨 평화상은 세계 모든 인류에게 평화를 위해 헌신하도록 격려하는 숭고한 메시지입니다. 저에게 오늘 내려 주신 영예에 대해서 다시없는 영광으로 생각하고 감사를 드립니다. 그러나 저는 한국에서 민주주의와 인권 그리고 민족의 통일을 위해 기꺼이 희생한 수많은 동지들과 국민들을 생각할 때 오늘의 영광은 제가 차지할 것이 아니라 그분들에게 바쳐져야 마땅하다고 생각합니다. 또한 우리 국민의 민주화와 남북 화해를 위한 노력을 아낌없이 지원해 주신 세계의 모든 나라와 벗들에게도 진심으로 감사드립니다. (…) 노벨상은 영광인 동시에 무한한 책임의 시작입니다. 저는 역사상의 위대한 승자들이 가르치고 알프레드 노벨 경이 우리에게 바라는 대로 나머지 인생을 바쳐 한국과 세계의 인권과 평화 그리고 우리 민족의 화해 및 협력을 위해 노력할 것임을 맹세합니다. 여러분과 세계 모든 민주 인사들의 성원과 격려를 바라마지 않습니다. 감사합니다.

— 2000년 노벨 평화상 수상자
고 김대중 전 대통령의 수락 연설문 중에서

미래는 녹색 화학의 세계

노벨 화학상이 가장 많이 나온 건 '유기 화학'이라는 분야다. 유기 화학은 원소모든 물질을 구성하는 기본적 요소 가운데 '탄소'가 포함된 물질의 구조와 반응을 다루는 학문이다. 탄소는 독특한 구조 덕분에 다른 물질과 반응을 하는 성질이 강하고, 아주 길거나 크고 복잡한 구조물을 만드는 데 핵심적인 역할을 한다. 생명체를 구성하는 가장 기본적인 물질이기 때문에 다른 과학 분야에서도 중요하게 여겨진다.

유기 화학은 나일론, 플라스틱, 비닐 등 오늘날 아주 중요한 물질을 만드는 데에 큰 역할을 했다. 제초제나 살충제도 만들어 농사를 짓는 데 도움을 주었고, 질병을 고치는 각종 약품을 만들기도 한다. 이처럼 유기 화학은 사람들의 삶을 더없이 편리하게 해 주는 데 큰 역할을 하였다.

하지만 유기 화학이 발전하면 할수록 많은 문제점도 생기고 있다. 가장 큰 문제는 바로 환경을 오염시킨다는 것이다. 대부분의 플라스틱과 비닐은 자연적으로 썩지 않기 때문에 고스란히 폐기물못 쓰게 되어 버리는 물건이 된다. 넘쳐 나는 일회용품과 포장지, 전자 제품 껍데기 등이 대표적이다. 이 물건들은 잘 타지도 않기 때문에 어딘가에 쌓여 있을 수밖에 없고, 시간이 지날수록 지구를 쓰레기장으로 뒤덮이게 한다. 뿐만 아니라 온도가 높아지거나 물에 닿으면 사람에게 해로운 물질을 내놓기도 하는데, 한때 어린이들이 자주 갖고 노는 장난감이나 인형에 쓰여 큰 문제가 된 적도 있었다.

제초제의 경우 농사에 방해가 되는 곤충을 죽이기 위한 제품이었지만, 새를 비롯하여 주변에 사는 다른 생물들도 함께 죽게 만들었다. 곤충과 새가 계속해서 죽자 곧 생태계의 균형이 무너졌고, 사람 역시 자연에서 살기가 점점 어려워졌다. 디디티(DDT)라는 살충제 역시 실제로 수많은 사람들을 해치기도 했고, 냉장고에 쓰이는 어떤 유기 화학 물질은 지구의 오존층을 파괴하기도 했다.

미국의 해양생물학자 레이첼 카슨은 『침묵의 봄』이라는 책에서 제초제와 살충제의 위험성을 처음으로 밝혔다. 당시 막대한 돈을 벌어들이던 화학 약품 제조 회사들은 카슨이 거짓말을 하고 있으며 비전문가라고 비난했다. 하지만 결국 카슨의 주장은 사실로 밝혀졌다. 또한 테오 콜본이 『도둑맞은 미래』라는 책에서 환경 호르몬의 위험성을 주장하자, 화학 약품 회사들은 더 이상 이익을 위해 위험한 화학 물질을 마음대로 팔 수 없게 되었다.

그 후 다행히 많은 사람들이 '깨끗한 화학'을 만들기 위해 계속해서 노력하고 있다. 대표적으로 제품을 만드는 과정에서 환경오염을 일으키지 않도록 노력하는 '녹색 화학'이 있다. 이것은 화학 물질을 만들 때 폐기물이 적게 나오게 하고, 되도록 사용하지 않으며, 특히 독성이 강해 위험한 물질의 경우 아예 사용 또는 배출_{안에서 밖으로 밀어 내보냄} 자체를 하지 않는 화학을 말한다.

이제 화학 분야는 더욱 편리하면서도 깨끗한 물질을 만들기 위해 노력하고 있다. 또한 물질에 대한 이해를 넓히기 위해 새로운 화학 이론도 연구한다. 최근의 노벨 화학상 역시 이런 분야에 주목하고 있다. 이런 이유로 새로운 화학이 만들어 가는 미래는 어떤 모습일지 무척 기대가 된다.

DDT가 포함된 살충제

가로세로 낱말 퍼즐을 해 봐요!

본문을 읽고 다음에 나오는 낱말 퍼즐을 풀어 보세요.

〈가로〉
❶ 알프레드 노벨이 태어난 나라로, 평화상을 제외한 노벨상들의 시상식이 열려요.
❷ 프랑스의 물리학자 앙리 베크렐이 발견한 빛으로, 아무런 처리를 하지 않아도 에너지를 내지요.
❸ 노벨상을 2번이나 받은 여성 과학자로, 첫 번째는 남편과 함께 노벨 물리학상을 받았어요.

〈세로〉
❶ 빌헬름 뢴트겐이 이것의 성질을 밝히고 체계적으로 연구하여 노벨상을 받았어요.
❷ 스웨덴과 노르웨이처럼 북유럽에 속하는 나라로, 수도는 코펜하겐이에요.
❸ 노벨 물리학상을 받은 안드레 가임 교수가 이 동물을 공중 부양시키는 실험을 했어요.

정답 〈가로〉 ❶ 스웨덴 ❷ 방사선 ❸ 퀴리 부인 〈세로〉 ❶ 엑스선 ❷ 덴마크 ❸ 개구리

5장

세상을 바꾸는 문학상, 평화상, 경제학상

전 세계 작가들의 꿈 노벨 문학상

 이 성은 정말 구조가 이상해. 걸어도 걸어도 끝이 안 나네. 어? 저기 서 있는 갑옷 입은 중세 기사를 아까도 봤던 것 같은데. 설마 나 뱅뱅 돌고 있는 건 아니겠지?

 슬슬 걱정이 되는 찰나 갑자기 문 하나가 보였어. 아주 고풍스러운 푯말이 붙어 있었고, 안에서는 은은한 빛이 새어 나오고 있었지. 빛이 나온다는 건 안에 누가 있다는 뜻이잖아? 그럼 당연히 도움을 요청해야지!

 똑똑.

 내가 문을 두드리자 안에서 사그락 하는 소리가 들렸어. 뭐지? 종이 소리인가? 그리고 딸랑 딸랑 소리가 들렸고, 그 다음엔 누군가 사뿐사뿐 걷는 것 같았어. 난 슬슬 호기심이 생기면서도 겁이 덜컥 났어. 여기는 오래된 성이잖아. 가족들도 평범하지는 않고. 만약 내가 모르는 존재가 있다면? 예를 들어 유령이나 도깨비, 귀신들? 분명 나도 모르는 새 길을 잃었고, 같은 자리를 뱅뱅 돌았고, 갑자기 문이 나타났고, 안에서는 이상한 소리가 들린다면……. 으아악, 나 여기 잘못 왔나 봐!

딸깍.

끼이이이…….

문이 아주 천천히 열렸어. 나는 침을 꼴딱 삼켰지. 그래도 도망은 가지 않기로 했어. 억지로 눈을 부릅뜨고 문 안쪽을 바라봤어. 설마 유령일 리는 없겠지. 여기는 그냥 오래된 성일 뿐이라고!

문이 열리는 것과 동시에 그림자 하나가 흐릿하게 보이기 시작했어. 그 그림자는 점점 커지더니…… 으아악, 괴물이다!

"꺄악!"

나는 너무 놀라서 비명을 지르며 그 자리에서 얼어 버렸어. 정말 유령이 문을 연 걸까? 그때 방 한쪽에서 작은 촛불과 함께 누군가가 걸어 나왔어.

"이런 이런, 놀랐나 보구나."

낮고 침착한 목소리. 하지만 촛불에 비친 그림자가 너무나 커서 다시 살려 달라고 비명을 질러야 할까 고민했어. 그 순간 갑자기 뭔가가 내 다리에 척 하고 닿더니 내 주위를 빙그르르 돌기 시작했어!

"으악! 이건 뭐야. 살려 주세요!"

"노벨, 그만!"

잠시 후 살짝 눈을 떠 보니 앞에는 남자 어른 한 명과 키가 내 무릎에도 안 오는 작은 웰시코기 강아지 한 마리가 꼬리를 흔들며 서 있었어.

"이런, 우리 노벨이 문을 열었는데 못 본 것 같구나. 설마 문이 저절로 열렸겠니? 하하하!"

노벨이라는 강아지는 주위를 돌던 걸 멈추고 나한테 안아 달라고 떼를 쓰고 있었어. 난 놀란 가슴을 진정하고 강아지 머리를 살짝 쓰다듬었지. 흠, 자세히 보니 너 꽤 귀엽구나!

"난 아빠란다. 엄마는 오늘도 이모랑 티격태격한다며? 아까 할아버지한테 전화 왔다. 뭐, 늘 있는 일이야. 금세 화해하고 같이 음식 만들러 갔다니 걱정은 말거라."

"네…… 근데 아빠는 이런 데서 뭐하고 계세요?"

나는 그제야 안심이 돼 방안을 휙 둘러봤어.

"그야…… 일하고 있지."

아빠가 촛불을 높이 들자 방안이 갑자기 환해졌어. 음, 역시 뭔가가 있다니까.

"들어오렴. 내가 뭘 하고 있었는지 알려 줄게."

나는 방 한가운데로 들어갔어. 노벨이 쪼르르 나를 따라오다 뒷발로 문을 쾅 닫았지. 문을 열고 닫는 일은 원래 노벨 담당인가 봐.

"나는 노벨상 시상식에서 수상자들에게 상을 줄 때 읽는 연설문을 쓰고 있단다."

"연설문이요?"

"그래. 노벨상 시상식에서는 수상자의 업적을 소개하며 간단한 글을 읽는단다. 긴 글은 아니지만 핵심 내용을 다 넣어야 하기 때문에 아주 중요하지. 더구나 때때로 국왕 폐하께서 직접 상을 주시기도 하니 되도록 문장도 아름답고 우아해야 해. 그래서 소설가인 내가 직접 글을 가다듬는단다."

"우와, 아빠는 소설가셨군요!"

"그래. 혹시 내 소설을 읽어본 적 없니? 워낙 유명해서 안 읽어 봤을 리 없을 텐데……. 흠흠, 아무튼 그건 노벨상과 관련이 없으니 나중에 얘기하자꾸나."

"아닌데요. 노벨 문학상이 있잖아요!"

"하하, 그렇긴 하지! 노벨상에는 과학과 관련된 상 말고도 몇 가지 분야가 더 있는데 그 가운데 하나가 바로 문학상이란다. 나처럼 소설이나 시를 쓰는 작가도 받을 수 있는 상이지."

아빠의 노벨 방송

흠흠, 나는 방송에는 별로 어울리지 않는데…… 아무튼 수지가 감독이라니 특별히 출연해 봤습니다. 제 말이 좀 딱딱해도 이해해 주시길 바랍니다.

알프레드 노벨은 문학상 수상자로는 '문학 분야에서 가장 뛰어나고 이상적인 작품을 쓴 사람'이라는 조건을 달았습니다. 그런데 '이상적인'이란 말을 놓고 약간의 논란이 있었죠. 어떤 작품이 그에 해당하는지 정확하지 않았거든요. 노벨이 문학에 대해서 얼마나 뛰어난 안목을 가지고 있었는지는 아무도 모릅니다.

그래서 초기에는 '이상주의적'인 경향이 있는 작품들이 상을 많이 받았다고 합니다. 잘 알려진 작가로는 『정글북』을 쓴 영국의 작가 러디어드 키플링, 인도의 시인 타고르, 아일랜드의 극작가 조지 버나드쇼, 독일의 소설가 토마스 만 등이었죠. 1930년대 중반에는 단편 소설로 유명한 러시아의 이반 부닌이나 미국의 유진 오

스웨덴 왕으로부터 노벨상을 받고 있는 펄 벅(1983년)

닐, 『대지』로 유명한 소설가 펄 벅 등이 받았습니다.

하지만 노벨 문학상이 꼭 이상적인 경향이 있는 작품에만 주어지는 것은 아닙니다. 많은 작가가 다양한 작품으로 노벨 문학상을 받았지요. 특히 시간이 지날수록 노벨이 말한 '이상적인'이라는 말의 뜻이 조금 더 넓어졌습니다. 그래서 헤르만 헤세나 앙드레 지드, T. S. 엘리엇 같은 작가들은 비슷한 시기에 상을 받은 윌리엄 포크너처럼 사회의 숨겨진 면을 파고드는 작가와는 작품의 분위기가 많이 달랐어요. 이런 전통은 오늘날까지 이어져 요즘의 노벨 문학상은 다양한 작가와 작품에 주어집니다. 하지만 지금도 역시 우리 사회와 불합리한 세계에 대해 열심히 문제를 제기하는 작품들이 더 자주 후보에 오르는 것도 사실입니다.

작품보다는 작가에게 주는 상

보통 다른 문학상은 작품에 상을 주는 경우가 많습니다. 그런데 노벨 문학상은 조금 다르답니다. 작가의 어느 특별한 작품에 준다기보다는 전반적인 작품 활동을 평가하여 상을 주지요. 예를 들어, 독일의 소설가 토마스 만은 『마의 산』이라는 작품이 가장 유명합니다. 하지만 노벨상에서 언급한 주요 작품은 작가가 20대에 쓴 『부덴브로크 가의 사람들』이었지요.

  그리고 노벨 문학상은 꼭 문학 작품을 쓴 작가만 받을 수 있는 건 아니에요. 철학자나 법학자 심지어 정치가가 받은 경우도 있습니다. 철학자로는 프랑스의 앙리 베르그송, 영국의 버틀란트 러셀 등이 유명합니다. 다만, 1950년 이후로는 주로 소설가나 극작가, 시인 등에게 주어지고 있지요. 프랑스의 철학자 장 폴 사르트르가 1964년 수상자로 선정되기도 했지만 사르트르는 상을 거부하고 받지 않았습니다. 정치가로는 영국의 윈스턴 처칠 수상이 1953년에 노벨 문학상을 받았는데, 뛰

2008년 노벨 문학상 발표 모습

어난 기고문 신문이나 잡지에 실린 글이나 연설문 등을 많이 썼기 때문이었지요. 즉, 문학상은 꼭 문학 작품이 아니어도 글을 잘 쓰는 사람에게 주어지고 있습니다. 아, 저도 조만간 후보가 되면 얼마나 좋을까요, 하하하! 알았어요. 알았어. 시간이 없다고 수지가 보채네요.

그럼 마지막으로 1950년대 이후 상을 수상한 작가들 가운데 유명한 작가 몇 명만 대표로 소개할게요. 1954년에는 『킬리만자로의 눈』, 『누구를 위하여 종은 울리나』로 유명한 미국의 소설가 어니스트 헤밍웨이가, 1957년에는 『이방인』, 『페스트』로 유명한 프랑스의 알베르 카뮈가 상을 받았습니다. 그리고 미국의 존 스타인벡이 1962년, 아일랜드의 극작가 사무엘 베케트가 1969년 상을 받았지요. 칠레의 시인 파블로 네루다는 1971년, 유럽 사회를 날카롭게 비판한 소설을 여러 편 쓴 독일의 소설가 하인리히 뵐은 1972년에 상을 받았습니다. 1980년대로

동양의 노벨 문학상 수상자들

가와바타 야스나리(1968년 수상)

오에 겐자부로(1994년 수상)

모옌(2012년 수상)

넘어 오면『파리대왕』의 작가 윌리엄 골딩이, 1990년대 이후로는『양철북』을 쓴 귄터 그라스 등이 받았습니다.

그런데 온통 서양 사람뿐이라고요? 사실 그 점 때문에 노벨 문학상이 많은 비판을 받고 있습니다. 동양인으로는 인도의 타고르와 일본의 가와바타 야스나리, 오에 겐자부로 그리고 중국의 모옌뿐이거든요. 유럽과 아시아의 중간인 터키의 오르한 파묵도 받은 적이 있기는 하지만요. 서양에 편중되지 않게 하는 일이 앞으로 노벨 문학상이 풀어가야 할 숙제랍니다.

 **수지의 괴짜 노트**

한국의 노벨 문학상 후보는?

매년 노벨상이 발표되기 직전이 되면 과연 누가 상을 받을지 여기저기에서 추측을 해. 문학상도 예외는 아니란다. 최근 들어서 자주 손꼽히는 한국인 후보로는 소설가 한강이 있지. 한강 작가는 무게감 있는 문장으로 등단 이래 일찌감치 차세대 한국 문학의 기수로 주목받았어. 대표 소설인『채식주의자』가 영어권 문학 시장에 출판되었고, 작품성을 인정받아 2016년에는 여러 유명 작가들을 제치고 아시아 최초로 영국에서 최고로 권위있는 '맨부커 국제상'까지 받았기에 노벨상 수상에 대한 기대감이 더욱 높아지고 있단다.

한강 작가

노벨의 뜻이 담긴 평화상

아빠는 책을 정말 좋아하시나 봐. 내가 "그만!" 하고 멈추지 않았다면 밤을 새셨을지도? 아빠는 조금 아쉬운 것 같았지만, 다음 이야기로 넘어가야 하니 어쩔 수 없다 뭐.

"근데 문학상 말고도 아직 상이 두 개나 더 남았어요."

"그렇지. 노벨 평화상이랑 노벨 추모 경제학상이 있단다. 우선 노벨 평화상은 한국에서도 친숙한 상이지. 2000년에 고 김대중 전 대통령이 수상했으니까. 한국에서는 처음 받는 노벨상이었다지?"

"네, 그때 많은 한국 사람들이 기뻐했대요."

"평화상은 노벨이 만든 상 가운데에서도 가장 독특한 상으로 꼽힌단다. 평화상이라고 하면 일단 어떤 상일 것 같니?"

대한민국 최초의 노벨상 수상자 고 김대중 전 대통령

"어, 사실, 어, 조금 애매해요."

나는 내 무릎 위로 뛰어오른 노벨의 뽀뽀 세례를 피하며 얼버무렸어. 얘, 노벨아. 얼굴 좀 그만 핥으면 안 되겠니?

"그런데요. 생각해 보면 알프레드 노벨 아저씨가 원래 다이너마이트가 무기로 사용되는 게 싫어서 노벨상을 만든 거잖아요. 그럼 평화상이야말로 노벨 아저씨의 뜻이 가장 잘 담긴 상이 아닐까요?"

"와, 수지가 정말 똑똑하구나. 많은 사람들이 바로 그 이유로 노벨이 평화상을 만들었다고 생각한단다. 실제로 노벨이 남긴 유언을 보면 '각국의 무기를 줄이거나 없애고 평화를 유지하거나 증진하는 데 중요한 역할을 한' 사람에게 상을 주라고 돼 있지."

"그것 말고도 특이한 점이 많다고 들었어요."

"그렇단다. 우선 유일하게 단체도 상을 받을 수 있지. 다른 분야의 상은 최대 3명까지만 받을 수 있고, 공헌도에 따라 상금을 3등분하거나 1명이 2분의 1을 갖고 두 명이 나머지를 나누어 갖기도 해. 하지만 평화상은 4명 이상으로 구성된 단체도 상을 받을 수 있단다."

"스웨덴이 아니라 노르웨이에서 받는다는 점도 참 특이했어요."

"그렇지? 노벨 평화상은 노르웨이 의회가 임명한 5명의 노르웨이 노벨상 위원회 위원이 선정한단다. 그리고 다른 상들의 시상식 날짜에 맞추어 스웨덴이 아닌 노르웨이에서 시상식을 따로 열지. 잠깐 역사 얘기를 해 볼까? 원래 우리 스웨덴과 노르웨이는 한 나라였단다. 정확히는 두 나라였지만, 스웨덴 국왕이 함께 다스리는 연합 왕국이었어. '스웨덴-노르웨이 연합 왕국'이라는 이름으로 1814년부터 1905년까지 90년이 넘는 시간 동안 함께했지. 노벨 역시 그 시대 사람이었기 때문에 아마 양쪽 나라에 공평하게 기회를 주기 위해 노르웨이에서 상을 주게 했을 거라고 추측한단다."

"왠지 평화와 화합을 중요하게 생각하는 평화상의 취지에도 잘 맞는 것 같아요."

"그렇지. 당시 노르웨이가 스웨덴보다는 조금 더 평화적이었다는 의견도 있지만, 정확한 이유는 노벨만 알 거야."

그때 노벨이 갑자기 낑낑거렸어. 얘, 너 얘기하는 거 아니야. 알프레드 노벨 아저씨 얘기라고.

"아빠, 어떤 사람들이 왜 평화상을 받았는지 궁금해요."

"음, 이번엔 직접 조사해 보면 어떻겠니? 공부하는 의미에서!"

"헉, 공, 공부요? 그, 그냥 얘기해 주시면⋯⋯."

"자, 너도 할 수 있다는 걸 보여 주렴! 파이팅!"

"아빠, 흐이잉⋯⋯."

★ <u>수지의 괴짜 노트</u>

또 누가 누가 평화상을 받았을까?

최초의 여성 수상자, 베르타 폰 주트너(1905년)
오스트리아의 소설가이자 평화운동가야. 아주 잠깐 노벨의 비서로 일하기도 했고, 노벨이 평화상을 만드는 데 큰 영향을 끼친 것으로 유명하지.

최다 수상의 영광, 국제 적십자 위원회 ICRC (1917년, 1944년, 1963년)
역사상 가장 많은 노벨상을 받은 단체야. 1, 2차 세계 대전 등 전쟁 중에 보여 준 인도주의 활약을 인정받았단다.

아프리카에서 의술을 베푼 알베르트 슈바이처(1952년)
위인전에 자주 나오는 슈바이처 박사는 아프리카에 병원을 세우고 인도적인 의술을 펼친 것으로 유명해. 오늘날의 아프리카 풍토병 연구에도 크게 영향을 미쳤지.

핵무기 반대에 앞장선 과학자, 라이너스 폴링(1962년)
이미 노벨 화학상을 받은 세계적인 과학자였지만, 그 후에 과학을 전쟁과 파괴에 쓴다는 이유로 핵무기 반대 운동에 앞장섰어. 유명한 과학자로서의 인기를 적극적으로 활용해 반전 평화 운동을 했단다.

어린이를 위한 국제 연합 아동 기금 유니세프 UNICEF (1965년)
가난과 질병으로 위험에 처해 있는 어린이들을 위해 만들어진 보호 기금이야. 지금도 활발한 활동을 하고 있지.

가난한 사람들의 벗, 테레사 수녀(1979년)
가톨릭 수녀로, 인도에 '사랑의 선교회'라는 단체를 설립해 가난하고 아픈 사람들을 위해 헌신했어. 고아나 죽어가는 사람에게까지 따뜻한 손길을 뻗어 도움을 주었단다.

나중에 추가되어 논란을 일으킨 노벨 경제학상

"이제 경제학상만 남았네요. 먼저 가장 궁금한 것부터 여쭤 볼게요. 경제학상은 왜 나중에 새로 생긴 걸까요? 노벨 아저씨가 살아 있었을 때는 없었다면서요."

"사실 우리가 알고 있는 경제학 대부분은 역사가 오래 되지 않았단다. 1900년대 초기에야 비로소 경제학이 만들어지고 널리 퍼지는 때였지. 따라서 노벨이 살던 때에는 경제학상을 줄 만한 상황이 아니었어."

"그럼 경제학 말고도 중요한 학문은 얼마든지 있었을 텐데 왜 꼭 경제학상이 추가된 걸까요? 그리고 노벨이 만들지 않았는데 노벨상이라고 해도 돼요?"

"맞아. 사실 그 부분은 아직도 논란이 많단다. 상의 정식 이름이 '노벨 추모 스웨덴 중앙은행 경제학상'이라는 건 알지? 하지만 상이 만들어진 후 영어로 옮겨지는 과정에서 몇몇 표현이 빠지기도 했단다. 그래서 점점 '노벨 경제학상'으로 불리게 됐고, 사람들은 이 상이 노벨상과 같다고 생각하게 된 거야. 새로 생겼지만 노벨이라는 이름 덕에 금세 유명해졌지."

"그럼 상금은 어떡해요? 노벨 위원회에서 줄 수는 없잖아요."

"이 상은 1968년에 스웨덴 중앙은행이 설립 300주년을 맞아 노벨을 추모한 걸 계기로 만들어졌단다. 그래서 상금이나 필요한 비용을 모두 스웨덴 중앙은행이 지불하기 때문에 큰 문제는 없지."

그때 나한테 한 가지 궁금증이 번뜩 떠올랐어.

"아빠, 근데요. 보통 과학과 수학은 비슷하게 중요하다고 하잖아요. 그런데도 노벨상에는 과학상이 세 개나 있는데 수학상은 전혀 없어요. 이상하지 않아요? 혹시 노벨이 수학자와 사이가 안 좋았던 게 아닐까요? 아니면 수학을 아주 못했던가요, 히히히."

아빠는 약간 당황해 하며 난처하다는 듯 말했어.

"뭐, 그럴 수도 있지만 확실한 이유는 모른단다. 그저 노벨이 공학자였기 때문에 수학에 별 관심이 없지 않았을까 생각할 뿐이지. 물론 역사학자들 가운데 몇몇은 노벨이 어떤 수학자와 한 여성을 놓고 다퉜기 때문이라고 말하기도 해. 뭐, 아닐 가능성이 크다고는 하더라."

"어? 그 얘기 해 주세요!"

"아닐 가능성이 높다니까 그러네……. 흠흠, 간단히 말해서 노벨은 평생 결혼을 하지 않았는데, 좋아하던 한 여성이 노벨을 차 버리고 어느 수학자랑 사귀었다는 거야. 노벨은 마음에 상처를 입었고, 그래서 수학상을 일부러 뺐다는 거지. 물론 진짜인지는 알 수 없어. 그냥 떠도는 이야기란다."

한국인 첫 노벨 물리학상, 정말 억울하게 놓친 걸까?

지난 2010년 10월은 우리나라 과학계에서 가장 안타까운 날 중 하나였다. 노벨상 수상이 유력했던 우리나라 출신 과학자가 간발의 차이로 상을 놓쳤기 때문이다. 바로 차세대 탄소 물질 '그래핀'을 개발하는 데 큰 공을 세운 미국 컬럼비아대학교의 김필립 교수가 그 주인공이다. 김 교수는 2005년, 유명한 과학 학술지 《네이처》에 그래핀에 대한 연구 성과를 발표했다. 이 분야의 본격적인 시작을 알린 훌륭한 연구 결과였다. 이때 나란히 같은 주제의 논문을 발표한 교수가 바로 본문에서 소개한 안드레 가임 교수 팀이다. 결국 가임 교수 팀은 2010년 노벨 물리학상을 받았지만, 아쉽게도 그에 버금가는 성과를 낸 김 교수는 수상자 명단에 들지 못했다.

그런데 발표 뒤 두 달이 채 지나지 않은 2010년 11월 29일 오후, 한 소식이 우리나라를 시끄럽게 했다. "그래핀 연구의 세계적인 권위자 김필립 교수가 올해 노벨상 수상에서 제외된 것은 노벨상 위원회의 잘못이었다"는 내용이었다. 김 교수는 정말 억울하게 노벨상을 놓친 걸까? 이 논란은 미국 조지아공대의 발터르 더 히에르 교수가 노벨상 위원회에 보낸 편지에서 시작되었다. 더 히에르 교수는 수상자 발표 후 40일이 지난 11월 17일, 노벨상 위원회의 '실수'를 조목조목 반박하는 내용을 총 1만 500자가 넘는 긴 편지에 담아 위원회에 보냈다. 《네이처》는 다음날인 18일 곧바로 "노벨상 위원회가 비난에 휩싸이다"라는 제목의 뉴스를 내보냈다. 우리나라에서도 이 문제를 다룬 기사가 줄을 이었다.

하지만 사실 김 교수 문제가 이들의 관심사는 아니었다. 국내 학계에서는 다른 의도를 의심했다. 더 히에르 교수가 자신의 업적을 드러낼 목적으로 김 교수를 이용, 노벨상 위원회에 항의를 했다는 것이다. 실제로 더 히에르 교수는 노벨상 위원회에 보낸 편지에 자신의 논문과 업적을 비교적 자세히 소개했다. 이에 대해 국내 그래핀 전문가들의 반응은 싸늘했다. "자신이 노벨상을 받지 못했다는 불만에 불과하다", "억지스러운 면이 많다", "노벨상에 뒤따르기 마련인 일부의 이의 제기 수준" 등이라고 비판했다.

그렇다면 노벨상 위원회는 정말 김 교수가 상을 받을 자격이 없다고 판단해서 수상에서 제외한 것일까? 결론적으로 말하면 그렇지는 않다. 《네이처》는 '많은 사람들이 김필립 교수가 상을 공동으로 받아야 한다고 생각한다'라는 표현을 써서 그가 수상이 가능했음을 간접적으로 내비쳤다. 노벨상 위원회가 12월 10일 시상식에서 공개한 공식 포스터에도 가임 교수 팀의 홈페이지 이외에 김 교수의 연구실 홈페이지가 유일하게 함께 소개되었다. 전문가들은 "세계 그래핀 학회는 김 교수가 노벨상을 받았어도 이의를 제기할 사람이 없었을 것"이라고 말했다.

다만, 노벨상을 받기에는 '2% 부족'했던 것은 사실이다. 그래핀 조직위원회는 "그래핀 분야 연구에 기여한 바를 따지면 두 팀 사이에 큰 차이가 없다. 하지만 2004년 먼저 발표된 가임 교수 팀의 논문이 그 이후 연구의 기폭제가 된 점은 부정할 수 없다"고 밝혔다. 만약 조금 늦더라도 김 교수만의 방법으로 그래핀을 만들어 낸 뒤 논문을 발표했다면 결과는 달라졌을지도 모른다. 결국 그 약간의 차이가 노벨상 수상의 운명을 가른 것이다.

이처럼 노벨상 수상은, 특히 과학 분야의 경우 같은 연구를 하는 사람들이 많기 때문에 논란이 끊이지 않는다. 물론 더러는 실제로 억울한 경우도 있지만, 대부분은 공정한 절차를 거쳐 올바르게 수상자가 결정된다. 자신이 상을 타지 못했다 하더라도 겸허_{스스로 자신을 낮추고 비우는 태도}하게 결과를 받아들이고 수상자를 축하해 주는 자세야말로 상을 받는 것 못지않게 훌륭한 일이 아닐까?

누가 누가 평화상을 받았을까?

노벨 평화상은 개인뿐만 아니라 단체도 받을 수 있어요. 다음에 나오는 빈칸에 알맞은 말을 넣어 보세요. 54쪽 노벨상 연표를 참고해도 좋아요.

베르타 폰 주트너
최초의 여성 수상자로 1905년에 상을 받았어요. 노벨이 평화상을 만드는 데 큰 영향을 끼쳤고 평화 운동을 이끌었어요.

❶
1962년에 상을 받았어요. 이미 노벨 화학상을 받은 세계적인 과학자였지만, 나중에는 과학을 전쟁과 파괴에 쓴다는 이유로 핵무기 반대 운동에 앞장섰어요.

국제 적십자 위원회(ICRC)
❷ 년, ❸ 년, ❹ 년 등 세 차례에 걸쳐 상을 받았어요. 역사상 가장 많은 노벨상을 받은 단체랍니다.

알베르트 슈바이처
1952년에 수상했어요. ❺ 에 병원을 세우고 인도적인 의술을 펼친 것으로 유명해요.

❻
1979년 수상했고, 인도에 '사랑의 선교회'라는 단체를 만들어 가난하고 아픈 사람들을 위해 헌신했어요.

김대중
❼ 년에 상을 받았어요. 한국의 민주화와 아시아의 평화를 위해 노력한 공로를 인정받은 거랍니다.

정답 ❶ 라이너스 폴링 ❷ 1917 ❸ 1944 ❹ 1963 ❺ 아프리카 ❻ 테레사 수녀 ❼ 2000

에필로그

스캔들에 휩싸인 노벨상

 두 발명왕이 날린 의문의 노벨상

 노벨상에 이처럼 많은 사건과 이야기들이 숨어 있다니 정말 깜짝 놀랐어. 세상에는 정말 특이한 일이 가득하구나!
 난 아빠에게 인사를 하고 방을 나섰어. 역시 노벨이 문을 열어 줬지. 그런데 노벨은 문 앞에서 귀를 쫑긋 세우고 꼬리를 살랑살랑 흔들기만 할 뿐 들어갈 생각을 하지 않는 거야. 아빠가 웃으며 말했어.
 "하하, 노벨이 수지가 마음에 들었나 보구나. 데려가렴. 노벨이 모르는 길은 없단다."
 노벨은 별 말을 다 한다는 듯 자신 있게 앞장섰어. 길을 헤맬 필요가 없다니 나야 고맙지. 근데…… 노벨아, 우리 어디 가는 거니?
 우리는 다시 사다리를 오르고 천장에 붙은 환기구를 지나 작은 문을

열고 안으로 들어갔어. 어, 그런데 여기 어디서 본 듯한데? 그때 갑자기 쿵! 쿵! 큰 소리가 나더니 번쩍 하고 눈이 부셨어!

"수지야, 어서 와! 노벨도 왔구나!"

역시 이곳은 이모 방이었어. 번개로 가득 찬 방이라면 이모 말고 누구겠어?

눈을 깜박이느라 정신이 없는데 갑자기 탁 하더니 방 전체가 깜깜해졌어. 난 숨죽이며 가만히 서 있었지. 노벨은 내 뒤에 숨어 고개만 빼꼼히 내밀고 있었어. 몇 초 뒤 다시 불이 켜지자 이모의 웃음소리가 들렸어.

"테슬라 마술 쇼요?"

"응. 이름은 내가 붙인 거고, 사실 미국의 천재 과학자 테슬라가 즐겨하던 쇼야. 어때, 볼 만하지?"

세상에 이모 말고 이런 괴짜 과학자가 또 있단 말이야? 내가 어안이 벙벙해져 있는데, 이모는 쓱 내 옆으로 다가와 귀에 속삭였어.

"수지야, 재밌는 이야기 하나 해 줄까? 노벨상에 얽힌 '수상한 이야기'인데 말이야…….."

"이모, 잠시만요! 기왕이면 마이크 앞에서…….."

★ **수지의 괴짜 노트**

노벨상을 거부한 사람들?

노벨상 수상을 포기한 경우는 2019년까지 모두 11번으로 대부분 나치 독일과 구소련 등 독재정권의 압박이 원인이었어. 소설 《닥터 지바고》의 작가 보리스 파스테르나크는 1958년 문학상 수상자로 선정되었지만 독재정권을 비판했다는 이유로 구소련이 노벨상을 거부하도록 협박을 했지. 결국 파스테르나크는 추방을 면하기 위해 노벨상을 포기할 수 밖에 없었어. 독일의 독재자 히틀러는 1935년 자신을 반대하는 작가 카를 폰 오시에츠키가 1935년 평화상을 받은 것에 분노해 이후 독일인의 노벨상 수상을 금지했고 나치 정권이 무너질 때까지 3명의 과학자가 강제로 수상을 거부당했다고 해.

이모의 노벨 방송

테슬라와 에디슨의 노벨상 행방을 찾아라!

여러분, 반가워요. 그래요, 또 나예요.

조금 전에 제가 선보인 전기 쇼 어떤가요? 진짜 전기를 이용해 인공 번개를 만드는 실험이었지요. 위험하지 않느냐고요? 엄청난 전기 에너지가 공중에서 번개를 일으키는데 그 아래에 있어도 괜찮은지 궁금하다고요? 물론 괜찮지요. 난 안전한 실험만 한다는 걸 잘 알면서! 하하하!

흠흠, 이건 이미 약 100년 전 미국의 과학자 니콜라 테슬라가 했던 실험이에요. 테슬라 코일 실험이라고도 하는데, 전선으로 연결하지 않고도 전기를 전달할 수 있다는 걸 증명하는 실험이었어요. 테슬라가 워낙 괴짜라서 저렇게 깜짝

니콜라 테슬라의 실험(1900년). 테슬라는 이 사진의 사본을 영국의 화학자이자 물리학자였던 윌리엄 크룩스 경에게 보냈다.

니콜라 테슬라(1856~1943년)

놀랄 만한 상황을 일부러 만들어 사람들에게 보여 주는 걸 좋아했다고 해요. 코일을 7m 정도 위로 세워 번개를 만든 다음, 그 아래에 의자를 갖다 놓고 태연하게 책을 읽는 모습을 사진으로 찍었죠.

이 멋진 쇼를 언니에게 하자고 했지만 글쎄, 아버지와 언니 모두 반대하지 뭐예요. 왜냐고요? 아쉽게도 테슬라는 노벨상을 받지 못했거든요. 그런데 사실 여기에 숨은 이야기가 있답니다.

테슬라는 당시 천재로 불리는 발명가 겸 과학자였어요. 그런데 테슬라에게는 라이벌이 있었죠. 바로 발명왕으로 유명한 토머스 에디슨이었어요. 사실 두 사람은 한때 한 회사에서 함께 일했어요. 에디슨이 테슬라의 사장님이었지요. 어느 날 테슬라는 에디슨도 해결하지 못한 발전기의 골치 아픈 문제점을 멋지게 해결했어요. 그 문제를 해결하면 에디슨이 많은 돈을 보너스로 주겠다고 했거든요. 하지만 에디슨은 약속을 어기고 말았지요. 그러자 테슬라는 화를 내며 회사를 뛰쳐나갔고, 혼자 힘으로 연구해 에디슨을 위협하는 전기 발명가가 되었어요.

그 후 테슬라와 에디슨의 경쟁은 정말 치열했어요. 에디슨이 전구를 발명한 건 친구들도 잘 알죠? 하지만 그것뿐만이 아니었어요. 오늘날

같은 전기 시대를 불러온 획기적인 발명이 바로 이 두 사람에 의해 이루어졌거든요.

오늘날 많이 쓰이는 전류 전기의 흐름에는 두 가지가 있어요. 교류와 직류라는 것이죠. 교류는 먼 데까지 전기를 나를 수 있었는데, 이 교류 시스템을 만든 사람이 바로 테슬라예요. 반면, 직류 시스템은 에디슨이 만들었죠. 처음에는 직류가 더 유명했어요. 하지만 테슬라가 교류 시스템을 발명하자, 사람들이 그 방법을 더 많이 사용하기 시작했어요. 사실 더 우수했거든요.

그러자 에디슨은 무척 화가 났고 '교류는 사람을 죽일 수도 있다'고 말하기 시작했어요. 실제로 그걸 증명하기 위해 교류 시스템으로 동물을 죽이기도 했지요. 그리고 자연스럽게 두 사람은 노벨상과 연관된 소문에 휩싸였어요.

1915년 11월, 뉴욕타임스는 에디슨과 테슬라가 함께 노벨 물리학상을 받게 됐다는 소식을 보도했어요. 그런데 여기서부터 이상한 일이 벌어졌어요. 정작 테슬라와 에디슨은 그런 소식을 못 들었다고 말한 거예요. 그리고 약 일주일 뒤, 두 사

테슬라와 라이벌 관계에 있었던
토머스 에디슨(1847~1931년)

람 대신 다른 과학자들이 노벨 물리학상을 받았어요.

그해 무슨 일이 있었던 걸까요? 이 사건을 두고 여러 가지 소문이 나돌았어요. 두 사람이 서로 헐뜯고 비방했기 때문에 노벨상이 취소됐어요. 아니면 두 사람이 서로 너무나 미워해서 상대방이 받으면 자신은 상을 받지 않겠다고 으름장을 놨다 등 여러 가지 이야기가 있었지요. 물론 노벨상 위원회는 그에 대해 아무런 말을 하지 않았어요. 다만 "받는 사람이 거절한다고 해서 상을 취소하지는 않는다"라고만 말했어요.

대체 진실은 무엇일까요? 아, 너무너무 궁금해서 잠도 안 온다니까요. 노벨상 위원회를 찾아가 꼬치꼬치 묻고 싶지만 아버지한테 혼날 게 뻔하니……. 어휴, 내 팔자야.

 ## 논란에 휩싸인 노벨상

"이런 엄청난 사건이 숨어 있었다니! 정말 진실을 밝힐 수 없나요?"

"내 말이! 하지만 당사자들이 말을 하지 않는데 어떻게 알겠니."

"음, 두 사람은 정말 노벨상 목록에 없네요. 이후에도 상을 못 받았나 봐요."

"응. 우리한테 없어서는 안 될 전기를 발명한, 그 위대한 두 발명가가 노벨상을 받지 못했다니 참 이상하긴 해, 그치?"

그때 어디선가 뚜벅뚜벅 발소리가 들렸어. 난 이 소리를 알아! 나는 반사적으로 이모를 쳐다봤지. 역시, 조금씩 하얘지는 이모의 얼굴을 보니 할아버지가 맞구나!

"이런 이런. 조금만 한눈을 팔면 이렇구나. 수지야, 이모가 또 무슨 이야기를 하던? 혹시 번개를 만들던?"

하하, 할아버지는 모르시는 게 없구나…….

"쯧, 말 안 해도 알겠다. 또 테슬라 이야기를 했구나. 물론 그런 일도 있었지만 노벨상이 늘 그런 건 아니란다."

"할아버지, 다른 이야기들도 듣고 싶어요!"

"그래? 뭐 알아서 나쁠 건 없겠지. 좋다. 몇 가지만 이야기해 볼까?"

할아버지의 노벨 방송

노벨상을 둘러싼 비판

　이런, 나는 어지간하면 방송에는 안 나가면 좋겠는데. 그래도 수지가 원한다니 어쩔 수 없지.

　특히 가장 시끄러웠던 사건은 1976년 미국의 경제학자 밀턴 프리드먼 시카고대학교 교수가 상을 받았을 때야. 그는 한때 남아메리카 칠레의 독재 정권을 찾아가 강연을 한 적이 있었거든. 그 일로 많은 사람들이 교수를 독재자를 도운 사람이라고 비판했단다.

　문학상 역시 논란이 많단다. 경제학상처럼 상 자체가 문제가 된 적은 없지만, 문학 작품에 대한 평가가 워낙 주관적이잖니? 그러다 보니 20세기 초 현대 문학계에 영향을 끼친 대단한 작가들 가운데 상을 받지 못한 사람들이 많단다. 예를 들어『젊은 예술가의 초상』,『율리시스』등을 쓴 아일랜드의 제임스 조이스,『아메리칸』,『대사들』등을 쓴 헨리 제임스,『안나 카레니나』,『전쟁과 평화』등을 쓴 러시아의 톨스토이 등 유명한 작가들이 석연치 않은 이유로 상을 받지 못했지.

　그리고 평화상은 가장 논란이 많은 상이야. '평화'를 위해 정한 상이지만, 평화라는 게 그냥 생기지는 않거든. 어떤 다툼에서 평화를 이끌어 냈다면, 틀림없이 그 반대편도 있는 법이니까. 때때로 여러 나라의 눈치를 봐야 하거나 이익을 위해 상이 주어질 때도 있지. 대표적인 예가 바로 지난 2009년에 버락 오바마 미국 대통령이 상을 받은 거란다. 오바마 대통령은 국제적인 협력을 위해 노력을 아끼지 않았다고 해서 상을 받았는데, 사실 당시는 오바마가 대통령이 된 지 겨우 1년 정도밖에 지나지 않은 때였거든. 어떤 결과가 나오기에는 너무나 짧은 시간이었지.

사실 평화상은 다른 상들에 비해 일찍 주어지는 편이란다. 무슨 말인고 하니, 과학상의 경우 중요한 발견이나 발명을 한 지 20~30년 후에 주어지는 경우가 많아. 아무리 빨라도 10년 남짓 걸리지. 덕분에 검증이 충분하게 이루어지기 때문에 비교적 논란이 적은 거란다. 하지만 평화상은 그러기가 힘이 들어. 바로 그 당시에 평화적으로 가장 중요한 일을 한 사람이나 단체에 주기 때문이지.

받아야 하는 사람이 놓쳤다?!

과학상의 경우에도 안타까운 일은 있었단다. 유명한 예를 하나 들어 볼까? 엄마와 이모가 보여 준 인형극 기억하지? 그 가운데 제임스 왓슨 박사 이야기란다.

왓슨과 동료 프랜시스 크릭은 디엔에이(DNA) 구조를 연구하는 중이었어. 그러던 1953년 1월 말, 두 사람은 과학자 모리스 윌킨스와 로잘린드 프랭클린 박사를 만났지. 하지만 프랭클린 박사와는 그 전부터 사이가 별로 좋지 않았어. 그날도 두 사람은 프랭클린과 크게 싸우고 연구소를 나왔지. 그런데 프랭클린의 동료이자 상사인 윌킨스가 프랭클린의 허락도 없이 실험 자료를 보여 줬어. 거기에는 DNA가 두 가닥의 사슬이 꼬인 구조를 하고 있다는 증거가 담겨 있었지. 프랭클린은 그 증거가 조금 더 완벽해질 때까지 발표를 미루고 있었는데, 그걸 왓슨과 크릭이 보고 만 거야. 왓슨과 크릭은 프랭클린의 자료를 근거로 DNA 구조를 연구해, 결국 빠른 시간 안에 DNA의 구조를 처음으로 밝힐 수 있었지.

  왓슨과 크릭은 10년 뒤인 1963년에 노벨 생리·의학상을 받았어. 모리스 윌킨스도 함께 받았지. 하지만 정작 구조를 밝히는 데 결정적인 공을 세운 프랭클린은 상을 받지 못했단다. 5년 전에 이미 암으로 세상을 떠났기 때문이었지. 더구나 왓슨과 크릭은 그녀의 자료를 미리 봤다는 사실을 말하지 않았기 때문에 그녀는 죽을 때까지 그 사실을 몰랐다고 해. 프랭클린 박사는 인류 과학사를 바꾼 위대한 연구에 결정적인 공을 세우고도, 정작 노벨상은 받지 못했단다.

할아버지의 이야기를 듣고 보니 솔직히 억울한 사건들이 많아서 참 많이 안타까웠어. 내 마음이 이런데 당사자들은 어땠을까? 할아버지는 이렇게 말했어.

"노벨상이 대단한 건 사실이지만 세상에서 유일하게 가치 있는 상도 아니고, 그 상을 받지 못했다고 위대하지 않은 것도 아니란다. 상과 상관없이 정말 훌륭하고 위대한 사람들이 많다는 걸 잊으면 안 돼. 하지만 노벨상이 과학을 비롯해 여러 분야를 발전시키고 평화를 이끈 것 또한 사실이란다."

할아버지는 차분한 목소리로 계속 말했어.

"그리고 여러 분야에서 노벨상의 권위에 버금가는 상이 나오기도 했어. 예를 들어 '건축계의 노벨상'이라고 불리는 프리츠커 상, '수학 분야의 노벨상'이라는 별명이 붙은 필즈 상 등이 있지. 이런 상들은 노벨상이 6개 분야 이외에도 많은 분야에 영향을 주었다는 사실을 증명하는 것이란다."

그때 어디선가 우당탕탕 요란한 소리가 들렸어. 이모와 나, 할아버지는 동시에 문 쪽으로 고개를 돌렸지. 곧이어 누군가 급하게 문을 탕탕 두드렸어.

"접니다, 어르신."

문을 열고 들어온 사람은 집사 아저씨였어. 점잖은 집사 아저씨가 이

리 급하게 뛰어오다니 무슨 일이지?

"수상자가 드디어 결정됐다고 합니다!"

"오오, 드디어 때가 됐구나!"

그 후에 일어난 일들은 정말 정신이 없었어! 온 가족이 시상식 준비를 하느라 눈 코 뜰 새 없이 바빴지. 이모는 곧바로 방에 틀어 박혀서는 부랴부랴 요리법을 연구했고, 아빠는 모니터가 닳을까 걱정될 정도로 연설문을 다듬고 또 다듬었어. 물론 엄마랑 이모는 중간 중간 연극 연습

하는 걸 빼놓지 않았고 말이야. 할아버지는 흐뭇한 표정으로 이 모습을 모두 기록했지.

몇 달 뒤 드디어 '그날'이 됐어. 온 가족이 홀에 모였지.

이모는 세상에 둘도 없이 맛있는 족발 케이크를 완성했어. 내 조언대로 고기를 얇게 저민 뒤 캐러멜 시럽에 한 번 더 졸이고 과일과 함께 올렸더라, 꿀꺽! 할아버지도 인정했으니 성공! 엄마는 그림자 쇼와 인형극을 더 철저히 준비해서 이제는 눈을 감고도 공연할 수 있을 정도였어. 아빠는 계속해서 "흠흠!" 하며 연설문을 외웠고 말이야. 우리 노벨은 역시나 주위를 뱅뱅 돌며 꼬리를 흔들어댔지. 할아버지가 말했어.

"자, 올해의 수상자들을 기쁜 마음으로 맞자꾸나!"

나는 노벨을 꼭 끌어안았어. 콩닥콩닥 가슴이 계속 뛰었지. 노벨, 너도 그렇지? 내 옆에 있던 집사 아저씨가 손목시계를 보더니 조용히 앞으로 걸어가 현관 문 앞에 섰어. 그리고 조용히 문을 열었지.

눈부신 햇빛이 집 안으로 서서히 들어왔어. 그리고 올해의 수상자들이 당당하게 걸어 들어오는 모습이 보였지. 우리는 모두 진심을 다해 박수를 치기 시작했어.

"축하합니다. 노벨상 수상자 여러분! 그리고 미래의 수상자일지도 모르는 우리 친구들 모두 환영합니다!"

재미난 읽을거리

노벨상은 진기한 기록을 많이 쏟아 냈어요. 그 가운데 몇몇 특별한 사건을 한번 알아볼까요?

노벨상을 싹쓸이한 가족

가족이 노벨상을 받은 경우도 적지 않아요. 부부가 받은 경우는 모두 4번이나 되죠. 가장 유명한 부부는 바로 마리 퀴리와 피에르 퀴리 부부예요. 퀴리 부부의 딸인 이렌느 졸리오 퀴리도 남편 프레드릭 졸리오와 함께 노벨상을 받았어요. 하지만 여기서 끝이 아니랍니다. 퀴리 부부의 둘째 딸인 이브 퀴리는 가족 가운데 유일하게 과학자가 아니라 작가 겸 피아노 연주자가 되었어요. 그런데 1965년 노벨 평화상을 받은 유니세프의 총재 앙리 라부이스는 바로 그녀의 남편이었어요. 뿐만 아니라 마리 퀴리는 노벨상을 2번이나 받았기 때문에, 퀴리 가족은 2대에 걸쳐서 5명이 모두 6개의 노벨상을 받은 진기록을 세웠어요.

이외에 아버지와 아들이 2대에 걸쳐서 노벨상을 받은 경우가 모두 6번, 형제가 나란히 받은 경우는 2번이에요. 노벨상 홈페이지에 가면 부부, 모녀, 부녀 등이 함께 상을 받은 기록을 자세히 볼 수 있어요.

프레드릭 졸리오와 이렌느 졸리오 퀴리 부부

감옥에서 받은 노벨상, 국가가 반대한 노벨상

노벨상은 세계의 평화를 지키고, 사람들의 삶을 더욱 더 좋게 만들기 위해 만들어졌어요. 하지만 정치적인 이유로 노벨상을 받지 못하게 하려는 움직임도 있어요.

얼마 전 가택 연금(정부가 어떤 사람을 집 안에 강제로 가두고 밖으로 나가지 못하게 막는 일. 정치적인 활동을 하지 못하게 하는 것이 목적이에요.) 상태에서 풀려난 미얀마의 아웅산 수치 여사가 대표적이에요. 수치 여사는 1991년 노벨 평화상 수상자로 결정되었지만 미얀마 정부는 이를 환영하지 않았어요. 그리고 상을 받기 위해 시상식에도 갈 수 없었기 때문에 수치 여사의 두 아들이 대신 상을 받았지요. 2010년 수치 여사는 마침내 가택 연금에서 완전히 풀려났고, 노벨상 수상자가 된 지 21년만인 2012년에야 비로소 노르웨이로 가 노벨상 수락 연설을 할 수 있었답니다.

또한 중국의 인권 활동가 류샤오보는 2010년 노벨 평화상 수상자가 되었어요. 하지만 여러 가지 활동으로 이미 중국 내의 감옥에 갇혀 있었지요. 중국 정부는 자기 국가에 반대하는 사람에게 노벨 평화상을 주는 것에 몹시 불쾌해 하였고, 자기 나라의 일에 간섭하는 것으로 여겼어요.

아웅산 수치 여사

류샤오보의 석방을 요구하는 시위자들

보리스 파스테르나크

이처럼 모든 나라가 노벨상을 환영하는 건 아니에요. 심지어 실제로 수상자의 고국이 상을 받는 일을 막은 경우도 있답니다. 나치가 정권을 잡고 있을 무렵, 히틀러의 반대로 독일 출신 수상자들 3명은 결국 상을 받지 못했어요. 이들은 나치 정권이 망한 후에야 비로소 메달을 받을 수 있었지요. 하지만 끝내 상금은 받을 수 없었어요. 또한 『닥터 지바고』라는 소설로 유명한 작가 보리스 파스테르나크는 노벨 문학상을 받기로 되어 있었지만, 구소련 정부의 압력을 받아 결국 수상을 포기했어요.

하늘나라에서 받은 노벨상

노벨상은 살아 있는 사람에게만 주는 상이에요. 이 규정은 1974년에 정해졌고, 그 이전에는 딱 2번의 예외만 있었을 뿐이에요. 물론 1974년 이후에는 한 번도 예외가 없었지요. 하지만 2011년 예상하지 못했던 사건이 벌어졌어요. 노벨상 수상자로 결정된 후 발표되기 전 그 며칠 사이에 수상자가 갑작스럽게 죽은 경우가 생긴 거예요. 수상자인 랄프 슈타인만 박사는 발표 3일 전에 하늘나라로 갔고, 노벨상을 결정한 카롤린스카 연구소는 미처 그 사실을 알지 못했어요. 그래서 '이미 고인이 된 수상자에게 상을 줘야 하는지'를 둘러싸고 잠시 논란이 있었지요. 하지만 심사 위원들과 연구소가 발표 때까지 정확하게 확인했어야 하는 일을 제대로 하지 못한 것이기 때문에 상을 그대로 수여하기로 결정했어요. 슈타인만 박사는 1974년 이후 최초로 죽은 이후에 노벨상을 받은 수상자가 되었답니다.

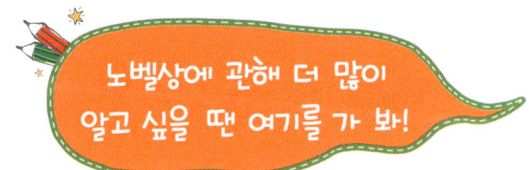

영어 노벨상 공식 사이트 http://www.nobelprize.org/
매년 노벨상을 발표하는 노벨 위원회의 공식 사이트예요.
최근까지의 화학상, 물리학상, 생리·의학상, 문학상, 평화상, 경제학상의 6개 분야 수상자들의 인터뷰 동영상을 볼 수 있어요. 뿐만 아니라 수상자 선정 과정과 기준, 상금이 얼마인지까지도 확인할 수 있지요.

영어 이그노벨상 공식 사이트 http://www.improbable.com/ig/
하버드대학교에서 펴내는 과학 유머 잡지인 《유별난 연구 연보(AIR)》에서 선정하는 이그노벨상 홈페이지예요. 올해 수상자뿐만 아니라 지금까지 상을 받았던 수상자들을 모두 볼 수 있어요. 수상식장에서 일어나는 재미있고 황당한 사건들도 동영상으로 확인해 볼 수 있답니다.

김대중 노벨 평화상 기념관 http://www.kdjnpmemorial.or.kr/
2000년에 노벨 평화상을 수상한 고 김대중 전 대통령을 기념하여 만든 홈페이지예요. 대통령의 생애와 노벨상 후보에 오른 다른 한국인들, 앞으로 우리나라가 극복해야 할 과제 등에 대해서도 알아볼 수 있어요. 또한 2000년 노벨 평화상 시상식을 동영상으로 볼 수 있답니다.

가시광선 사람의 눈으로 볼 수 있는 빛

공로 일을 하거나 목적을 이루는 데 들인 노력과 수고

공중 부양 하늘과 땅 사이의 빈 곳에 둥둥 떠 있는 것을 말한다.

공헌 힘을 써 도움이 되게 하는 것

기금 어떤 목적이나 사업, 행사 등에 쓸 기본적인 자금 또는 기초가 되는 자금

기여 도움이 되는 행동을 하는 것

독재 특정한 개인이나 단체가 어떤 분야에서 모든 권력을 차지한 후 마음대로 일을 처리하는 것을 말한다.

면역 몸속에 들어온 균에 대항하여 다음번에는 같은 병에 걸리지 않게 하는 상태 또는 그런 작용을 말한다.

물리학 물질의 성질이나 그것이 나타내는 모든 현상 그리고 물질 사이의 관계나 법칙을 연구하는 학문으로, 자연 과학의 한 분야이다.

미생물 눈으로는 볼 수 없는 아주 작은 생물

발효 효모나 세균 등의 미생물이 생물을 분해하고 변화시켜 새로운 물질을 만들어 내는 것. 이를 이용해 술, 된장, 간장, 치즈 등을 만든다.

방사선 프랑스의 물리학자 앙리 베크렐이 발견한 빛으로, 아무런 처리를 하지 않아도 에너지를 낸다. 방사선의 세기를 방사능이라고 한다.

배양 1. 일정한 공간을 마련해 동식물의 세포나 조직, 미생물 등을 가꾸어 기르는 일 2. 식물을 기르는 일 3. 성격과 생각이 올바르게 발전하도록 가르치고 키우는 일

변신 몸의 모양이나 태도 등을 바꾸는 일

변형 모양이나 형태가 달라지거나 달라지게 하는 것을 말한다.

비커 화학 실험을 할 때 사용하는 기구 가운데 하나. 액체를 부을 수 있도록 뾰족한 입이 달려 있다. 보통 유리로 만들지만 플라스틱 제품을 사용하기도 한다.

사고방식 어떤 문제에 대하여 생각하고 궁리하는 방법이나 태도

삼발이 쇠로 된 둥근 테두리에 발이 세 개 달린 기구. 그 가운데에 알코올램프나 화로를 놓고 위에는 주전자, 냄비 등을 올려 무언가를 끓이는 데 사용한다. 또는 망원경, 나침반, 사진기 등을 올려놓기 위해 사용하는 발이 세 개 달린 받침대를 말하기도 한다.

생명 과학 생명에 관계되는 현상을 종합적으로 연구하는 과학. 생물학, 화학, 물리학, 의학 등 그 분야가 매우 넓다.

생물학 생물의 구조와 기능을 과학적으로 연구하는 학문

선정 여럿 가운데에서 어떤 것을 뽑아 정하는 일

세균 생물 가운데 세포 하나로 이루어진 무리를 말하며 눈으로는 볼 수 없다. 공, 막대, 나선 모양 등이 있다.

숭고 1. 뜻이 높고 고상하다 2. 옛 문물을 높여 소중히 여김

알코올램프 알코올을 연료로 무언가를 끓이는 데 사용하는 화학 실험 기구

양성자 물질을 이루는 기본 단위를 원자라고 한다. 원자는 양성자, 전자, 중성자로 이루어져 있다.

엑스선 빛의 한 종류로 눈으로는 볼 수 없다. 병을 진단하고 치료하는 일, 금속의 속을 검사하거나 미술품이 진짜인지 확인하는 일 등 여러 분야에 사용된다.

연금술 고대 이집트에서 시작되어 중세 유럽에 전해진 화학 기술의 한 종류. 구리, 납, 주석 등을 금이나 은으로 만드는 방법을 연구하였다.

예행연습 어떤 행사를 하기 전에 실제와 똑같은 순서로 해 보는 연습

유언장 죽음에 이르기 전 남기고 싶은 말을 문서로 작성한 것

유전 물려받아 내려오거나 전해지는 일

인공 1. 사람의 힘으로 자연을 다시 꾸미거나 만드는 일 2. 사람이 하는 일

인도주의 인간의 존엄성을 최고의 가치로 여긴다. 인종, 민족, 국가, 종교 등을 떠나 모든 사람들의 행복을 위해 노력하는 태도나 생각을 말한다.

인류 세계의 모든 사람

인형극 사람 대신에 인형을 등장시킨 연극을 말한다. 손과 같은 몸의 일부분을 사용하거나 줄 또는 막대에 매달아 인형을 조종한다. 서양의 마리오네트와 우리나라의 꼭두각시놀음이 이에 속한다.

인후염 감기 등에 걸렸을 때 목 안 점막에 생기는 염증을 말한다.

입자 물질을 구성하는 아주 작은 알갱이

자외선 눈으로는 볼 수 없으며, 햇빛 속에 있는 자외선은 사람의 피부를 태우기도 한다. 이 빛을 많이 쐴 경우 피부암에 걸릴 수도 있다.

적외선 자외선과 마찬가지로 눈으로는 볼 수 없는 빛이다. 적외선전구나 레이저, 사진, 통신 등 다양한 분야에서 이용한다.

전자기파 전기나 자석 주위가 주기적으로 변화하면서 전달되는 에너지의 움직임을 말한다. 마이크로파, 가시광선, 엑스선, 감마선 등이 있다.

중성미자 중성자가 양성자와 전자로 나뉠 때 생기는 아주 작은 입자를 말한다.

차세대 지금 세대가 지난 다음 세대

추모 죽은 사람을 그리며 생각하는 일

코일 나사나 원통 모양으로 여러 번 감은 도선. 여기에 전류를 통하게 하면 강한 전자기장이 생긴다.

탄소 세포를 구성하는 중요한 원소 가운데 하나이다. 대기 중에서는 이산화탄소와 같은 기체 상태로 존재한다. 석탄과 석유의 주성분이며, 흑연과 다이아몬드는 탄소로만 이루어져 있다.

학술원 학문과 기술을 연구하고 발전시키기 위한 목적으로 만들어진 기관을 말한다.

합성 둘 이상의 것을 합쳐서 하나로 만드는 것

항균 균에 저항하는 일을 말한다.

해독 1. 몸속에 있는 독성 물질을 없애는 일 2. 어려운 문구를 이해하거나 해석하는 일 3. 잘 알 수 없는 암호나 기호 등을 푸는 일

핵무기 원자 폭탄이나 수소 폭탄 등이 핵반응을 일으키면 아주 강력한 힘이 생기는데, 그 힘을 이용하여 만든 무기를 말한다.

화학 자연 과학의 한 분야. 물질의 구성과 구조, 성질 및 변화, 응용 등을 연구한다. 무기 화학, 유기 화학, 생물 화학, 물리 화학, 분석 화학, 이론 화학, 응용 화학 등 다양한 분야로 나뉜다.

신 나는 토론을 위한 맞춤 가이드

노벨상에 대한 이야기를 재미있게 읽었나요? 이제 노벨상 박사가 다 되었다고요? 그 전에 마지막 단계인 토론을 잊지 마세요. 토론을 잘하려면 올바른 지식과 다양한 정보가 바탕이 되어야 해요. 책을 다 읽고 친구 또는 엄마와 함께 신 나게 토론해 봐요!

잠깐! 토론과 토의는 뭐가 다르지?

토론과 토의는 모두 어떤 문제를 해결하기 위해 의견을 나누는 일입니다. 하지만 주제와 형식이 조금씩 달라요. 토의는 여러 사람의 다양한 의견을 한데 모아 협동하는 일이, 토론은 논리적인 근거로 상대방을 설득하는 일이 중요합니다. 토의는 누군가를 설득하거나 이겨야 하는 것이 아니기 때문에 서로 협력해서 생각의 폭을 넓히고 좋은 결정을 내릴 때 필요해요. 반면 토론은 한 문제를 놓고 찬성과 반대로 나뉘어 서로 대립하는 과정을 거치지요. 넓은 의미에서 토론은 토의까지 포함하는 경우가 많습니다. 토론과 토의 모두 논리적으로 생각 체계를 세우고, 사고력과 창의성을 높이는 데 도움을 준답니다.

토론의 올바른 자세

말하는 사람
1. 자신의 말이 잘 전달되도록 또박또박 말해요.
2. 바닥이나 책상을 보지 말고 앞을 보고 말해요.
3. 상대방이 자신의 주장과 달라도 존중해 주어요.
4. 주어진 시간에만 말을 해요.
5. 할 말을 미리 간단히 적어 두면 좋아요.

듣는 사람
1. 상대방에게 집중하면서 어떤 말을 하는지 열심히 들어요.
2. 비스듬히 앉지 말고 단정한 자세를 해요.
3. 상대방이 말하는 중간에 끼어들지 않아요.
4. 다른 사람과 떠들거나 딴짓을 하지 않아요.
5. 상대방의 말을 적으며 자기 생각과 비교해 봐요.

우리도 이그노벨상을 받을 수 있어!

해마다 노벨상 시즌이 되면 '엽기 노벨상' 또는 '괴짜 노벨상'이라고도 불리는 이그노벨상 시상식이 열려요. 기상천외한 이그노벨상 수상 내용을 살펴보고 우리도 한번 엉뚱한 상상을 해 봐요.

이게 바로 이그노벨상!

조류학상 수상
나무를 쉴 새 없이 쪼아대는 딱따구리가 두통을 앓지 않는 비결은?

수학상 수상
단체 사진을 찍을 때 눈을 감은 사람이 한 명도 없게 하려면 몇 장을 찍어야 할까?

경제학상 수상
은행 날치기를 잡는 그물 발사기 개발!

의학상 수상
60년간 손가락 관절을 꺾은 결과 관절염에는 영향이 없었다는 연구

나만의 엉뚱한 상상 적어 보기

노벨상 수상의 조건

로잘린드 프랭클린 박사는 디엔에이(DNA) 구조를 밝혀내는 데 결정적인 역할을 했지만 안타깝게도 암으로 세상을 떠나 상을 받을 수 없었어요. 대신 그녀의 연구를 바탕으로 DNA의 구조를 발견한 과학자들이 노벨상을 받았답니다. 아래 글을 읽고 노벨상을 선정하는 기준에 대해 얘기해 봐요.

왓슨과 동료 프랜시스 크릭은 디엔에이(DNA) 구조를 연구하는 중이었어. 그러던 1953년 1월 말, 두 사람은 과학자 모리스 윌킨스와 로잘린드 프랭클린 박사를 만났지. 하지만 프랭클린 박사와는 그 전부터 사이가 별로 좋지 않았어. 그날도 두 사람은 프랭클린과 크게 싸우고 연구소를 나왔지. 그런데 프랭클린의 동료이자 상사인 윌킨스가 프랭클린의 허락도 없이 실험 자료를 보여 줬어. 거기에는 DNA가 두 가닥의 사슬이 꼬인 구조를 하고 있다는 증거가 담겨 있었지. 프랭클린은 그 증거가 조금 더 완벽해질 때까지 발표를 미루고 있었는데, 그걸 왓슨과 크릭이 보고 만 거야. 왓슨과 크릭은 프랭클린의 자료를 근거로 DNA 구조를 연구해, 결국 빠른 시간 안에 DNA의 구조를 처음으로 밝힐 수 있었지.

왓슨과 크릭은 10년 뒤인 1963년에 노벨 생리·의학상을 받았어. 모리스 윌킨스도 함께 받았지. 하지만 정작 구조를 밝히는 데 결정적인 공을 세운 프랭클린은 상을 받지 못했단다. 5년 전에 이미 암으로 세상을 떠났기 때문이었지. 더구나 왓슨과 크릭은 그녀의 자료를 미리 봤다는 사실을 말하지 않았기 때문에 그녀는 죽을 때까지 그 사실을 몰랐다고 해. 프랭클린 박사는 인류 과학사를 바꾼 위대한 연구에 결정적인 공을 세우고도, 정작 노벨상은 받지 못했단다.

본문 115~116쪽

1. 로잘린드 프랭클린은 왜 노벨상을 받지 못했나요?

2. 아래의 노벨상 수상자 선정 조건을 읽고 물음에 답해 봅시다.

> ❶ 평화상을 제외하고는 개인에게만 수여할 수 있다.
> ❷ 죽은 사람은 수상 후보자로 지명하지 않는 게 원칙이지만, 생전에 수상자로 지명된 경우에는 사후에도 수상이 가능하다.
> ❸ 일단 수상자가 결정되고 나면 번복이 불가능하다.
> ❹ 수여자는 시상 과정에서 특정 후보를 지지하는 외교적 혹은 정치적 발언이 금지된다.

위의 조건 가운데 바꾸는 것이 좋다고 생각하는 문항이 있나요? 아니면 위의 조건이 적당하다고 생각하나요? 친구들과 함께 토론을 해 봅시다.

지금의 노벨상 수상자 선정 조건은 바뀌어야 한다.
이유:

VS

지금의 노벨상 수상자 선정 조건은 적당하며 꼭 필요하다.
이유:

체계적으로 생각하기
작업복을 입고 노벨상을 받은 다나카 코이치

노벨상을 받은 사람들이 모두 좋은 대학을 나오거나 좋은 환경에서 연구를 했던 건 아니에요. 다음 기사를 읽고 노벨상을 받은 사람들에 대해 생각해 봅시다.

"제가 노벨상을 받는다고요? 그럴 리가요."

2002년 10월 9일 다나카 고이치 씨는 갑작스러운 국제 전화를 받고 어리둥절했다. 그 스스로도 잘못 걸려온 전화라 생각했고, 가족들은 TV를 보며 동명이인이라고 여겼다. 수상 내용을 해설하기 위해 일본 종합과학기술회의에 모인 유명한 과학자 3명은 아예 그가 누군지도 몰랐다.

이날 스웨덴 왕립 과학 학술원 일본 교토의 실험 기기 제작 회사인 시마즈 제작소 주임연구원 다나카 씨를 101대 노벨 화학상 수상자로 발표했다. 학사 출신으로는 처음 이 상을 탄 그는 작업복 차림으로 기자 회견장에 섰다. 수상 이유는 15년 전 단백질의 구조를 밝히는 기법을 개발한 것. 이 기법을 통해 암과 같은 질병의 조기 발견과 신약 개발이 가능해졌다.

다나카 씨는 1983년 도호쿠대학교 전기공학과를 유급한 끝에 가까스로 졸업했다. 여러 대기업의 입사 시험에 떨어진 뒤 대학보다 더 학구적이라는 시마즈 제작소에 들어갔다. 전공이 달라 화학 지식이 부족했던 그는 끊임없는 실험과 연구에 몰두했고 연구에 방해가 된다며 머리를 빡빡 깎기도 했다.

'샐러리맨의 신화'가 된 다나카 씨는 회사가 제의한 이사직을 거절하고 연구원으로 남기를 원했다. 2004년에야 시마즈 제작소의 임원이 된 그는 지금도 자신의 이름을 딴 연구소에서 실험과 연구를 계속하고 있다. 또 세계 각지의 강연회에서 '실패는 성공의 어머니'란 사실을 반복해 강조하고 있다.

동아일보 2007/10/09

1. 2002년 노벨 화학상을 받은 다나카 코이치 씨는 어떤 사람이었나요?

2. 다나카 코이치 씨는 어떻게 노벨상을 탈 수 있었나요?

3. 노벨상을 받은 사람들 가운데 다나카 코이치 씨처럼 조금은 다른 조건과 환경 속에 있었던 사람들을 찾아봅시다.

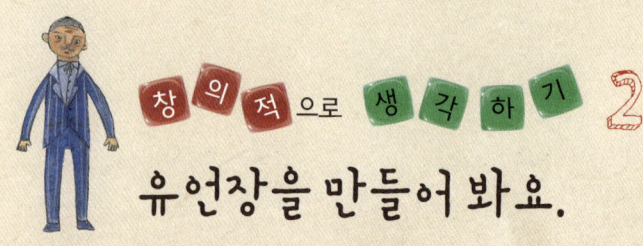

유언장을 만들어 봐요.

노벨은 자기가 발명한 다이너마이트가 무기로 사용되자 큰 충격을 받았어요. 그래서 죽기 전 유언장을 만들었어요. 자신이 죽은 후 '인류에 가장 큰 공헌을 한 사람'에게 상을 주고 싶다며 모든 재산을 그 일에 쓰게 했지요. 다음에 나오는 글은 노벨이 남긴 유언장의 일부예요. 여러분은 죽고 난 후 무엇을 남기고 싶은가요? 자신만의 유언장을 한번 작성해 봅시다.

"이 돈으로 (…) 기금을 마련하고 매년 생기는 이자로 지난해 인류에 가장 큰 공헌을 한 사람에게 상을 수여하기 바랍니다. 이자에서 나오는 상금은 다섯 개 부문으로 나누어 지급해 주십시오. 그 부문은 물리학 분야에서 가장 중요한 발명이나 발견을 한 사람, 화학 분야에서 가장 중요한 발견이나 진보를 이룬 사람, 생리학 또는 의학 분야에서 가장 중요한 발견을 한 사람, 문학 분야에서는 가장 탁월한 이상적인 작품을 발표한 사람 그리고 민족 간의 평화에 가장 크게 기여한 사람이 상을 받게 해 주십시오."

나만의 유언장

예시 답안

노벨상 수상의 조건

1. 상을 받기 5년 전에 이미 세상을 떠났다. 노벨상은 죽은 사람에게는 수여되지 않기 때문에 노벨상을 받지 못했다.
2. **바뀌어야 한다 :** 위의 조건 가운데 2번을 바꾸었으면 좋겠다. 왜냐하면 노벨상을 받는 연구에 가장 큰 공헌을 했다면 그 업적을 인정해 주어야 하기 때문이다. 따라서 죽었기 때문에 상을 주지 않는다는 것은 공평하지 못한 일이다.
   또한 3번 역시 바뀌었으면 좋겠다. 만약 수상자가 '인류에 큰 공헌'을 해야 하는 노벨상의 의미에서 벗어나는 행동을 했다면 나중에라도 상을 취소해야 한다. 예를 들어, 과학적으로 큰 업적이라 하더라도 그 목적이 전쟁 무기를 개발하는 데 있었다면 노벨상을 다시 거두어 들어야 한다.
   적당하며 꼭 필요하다 : 노벨상 후보는 많지만 노벨상을 받는 사람의 수는 제한되어 있기 때문에 반드시 조건이나 제한이 필요하다. 만약 제한을 두지 않는다면 수상자를 결정하거나 노벨상의 권위를 지키는 데 어려움이 클 것이다.

작업복을 입고 노벨상을 받은 다나카 코이치

1. 그는 일본 교토의 실험 기기 제작 회사인 시마즈 제작소의 주임 연구원이었다. 대학 성적도 좋지 않았고, 대기업 입사 시험에서도 몇 번이나 떨어졌다.
2. 그는 열정적으로 실험과 연구에 몰두했고, 연구에 방해가 된다며 머리를 빡빡 깎기도 했다. 결국 단백질의 구조를 밝히는 기법을 개발하여 암과 같은 질병의 조기 발견과 신약 개발이 가능하게 했다.
3. 부산에서 태어난 찰스 J. 페더슨
   페더슨의 아버지는 1880년대 중반 조선으로 건너와 해운 기사로 일하던 중 일본 여자를 만나 결혼하였다. 페더슨은 1904년 부산에서 태어나 그곳에서 어린 시절을 보냈으며, 학교 갈 나이가 되자 외국인 학교가 있는 일본으로 건너갔다. 그는 요코하마에 있는 가톨릭계 대학에서 화학 공부를 한 후, 아버지의 뜻에 따라 미국으로 유학을 떠났다. 결국 페더슨은 1987년 '다른 분자와 결합할 수 있는 분자를 개발'한 공로로 노벨 화학상을 받았다.

글쓴이 윤신영

과학도 좋아하고 이야기를 만드는 것도 좋아해 《과학동아》와 《어린이과학동아》 기자가 되었습니다. 수많은 과학자를 만나며 재미있게 살고 있지요. 기억에 남는 과학자로는 바로 2006년에 노벨 물리학상을 받은 조지 스무트 박사님! 지은 책으로는 『2100 미래로 영화관』, 『과학, 10월의 하늘을 날다(공저)』, 옮긴 책으로는 『소셜 네트워크 – 아이디어를 실천해 더 큰 세상과 만나다』 등이 있어요. 2009년 미국과학진흥협회(AAAS) 과학언론상을 받았습니다.

그린이 이윤하

서울과학기술대학교 시각디자인과를 졸업하였으며, 한국출판미술대전 육영회 특별상과 한국 일러스트 아트 부분에서 입상했어요. 그린 책으로 『나는 나는 집짓기 대장』, 『피노키오』, 『덩기덕쿵덕 거문고와 가야금』, 『알을 낳는 거위』, 『낙돌이의 갯벌 나들이』 등이 있답니다.

초등 융합 사회과학 토론왕 시리즈 ⑩ 노벨도 깜짝 놀란 노벨상

- 이 책에 실린 일부 내용은 《과학동아》, 《어린이과학동아》에 게재된 기사를 재인용하였습니다.
- 이 책에 실린 사진은 다음과 같이 기관 혹은 개인으로부터 게재 허가를 받았습니다. (가나다 순) 다만 출처를 잘못 알고 실은 사진이 있는 경우 해당 저작권자와 적법한 계약을 맺을 것입니다.

동아일보
위키피디아
이미지비트